近江の祭礼行事 2

川道のオコナイ

—湖北に春を呼ぶ一俵鏡餅—

中島誠一 著

SUNRISE

はじめに―私にとってのオコナイ維新―

昭和五十八年（一九八三）冬、伊香《いか》郡高月《たかつき》町（現長浜市）のとあるムラで私は初めてオコナイを見ていた。雪が壁になった薄暗い室内で、袴《はかま》をつけた若い給仕人が威儀をただし居並ぶ人々の前でコチコチに緊張して酌《しゃく》をしていた。長押《なげし》には木の枝に餅《もち》をつけたものがかざってあった。オコナイ事始めの記憶はこれだけである。同伴したのは、当時、滋賀県文化財保護課の長谷川《はせがわ》嘉和《よしかず》さんである。県南部と大阪の高槻に住む二人は降りしきる雪を気にしていた。半端《はんぱ》な雪ではない。オコナイが終わって帰ろうとするころにはどこが道だか境がわからなくなっていた。

この翌年、四月から長浜城歴史博物館で学芸担当として仕事をすることとなった。第一回目の特別展は突然に「曳山《ひきやま》展」、二年目は「国友《くにとも》鉄砲」であった。そして昭和六十一年の特別展は湖北の伝統文化である祭りを取り上げた「雪そして花」であった。実はこれがオコナイ本格調査の幕開けといってよい。

「雪そして花」は、雪はオコナイを、花は曳山祭りや鍋冠《なべかんむり》祭りなど春の祭りを特集した特別展だった。春の行事は博物館に奉職する前から何度となく見ていたので写真のストックもあり、ゆとりがあった。問題はオコナイだった。博物館にも資料は皆無、幸い職場の同僚に聞いて何となく行事のあらましを知り、そして中澤成晃《なかざわまさあき》先生の論考※1を読みつつ、現場に向かった。

一月、最初に訪れたのは、東浅井《ひがしあざい》郡浅井《あざい》町（現長浜市）の相撲庭《すまいにわ》で大注連縄《おおしめなわ》を編む場面だった。次に坂田《さかた》郡伊吹《いぶき》町伊吹（現米原市）へ、四メートルほどの立派なマユ玉が目をひいた。二月はオコナイが旧伊香郡で集中的になされる時期である。皮切りである木之本《きのもと》町西山《にしやま》（現長浜市）は、不思議なオコナイだった。「汁《しる》オコナイ」といって細かく刻んだ里芋の葉を大釜で大豆・味噌・調味料を加え、煮込んで作るのである。また膳《ぜん》は、鉢巻《はちま》きをした白蒸《しらむ》し（小豆を入れない強飯《こわめし》）と焼き豆腐、芋の子、そしてとじ豆という三角の握りが付く。加えて串に刺された鰯《いわし》二匹。

長浜市八条《はちじょう》町のオコナイは三臼《うす》並べて鳴り物入りで搗くダイナミックな餅搗き、そして五メートル余の犬目桜（犬桜のこと）の餅花《もちばな》が見事だった。このころからオコナイは連日連夜の調査となり、車中泊も当たり前になった。オコナイは真夜中、神の降臨《こうりん》する時間からはじめ、明け方一段落というムラが多いので、当然そうなる。

当時の記録を見ても長浜市八条町の二月五日から坂田郡山東《さんとう》町志賀谷《しがや》（現米原市）、伊香郡西浅井《にしあざい》町集福寺《しゅうふくじ》（現長浜市）、東浅井郡湖北《こほく》町延勝寺《えんしょうじ》（現長浜市）、坂田郡伊吹町甲津原《こうづはら》（現米原市）、伊香郡高月町磯野《いその》、同東物部《ひがしものべ》（現長浜市）と途絶えずお邪魔している。なかでも甲津原は印象深い。囲炉裏《いろり》を囲んでお話を聞き、焼きたての油揚げをごちそうになった。蒸しが上がると一緒に鉦《かね》まわりに行った。まったくの暗闇で、道は滑るし、ストロボの充電は低温のためままならず、シャッターチャンスは何度とあったもののまともな写真は少なかった。高月町磯野ではほとんど飛び込み状態であったが、「入れ、入れ」と言って餅搗きの場に歓待していただいた。嫁オコナイといって嫁さん姿の化粧した男性が角隠《つのかく》しで社参した。

東物部のオコナイはすっかり変わってしまったが、御頭餅《おとうもち》の注連縄はピンと高く跳ね上がっていた。これを輿《こし》に載せて担ぎ、大根で作った雀《すずめ》がぶら下がるマユ玉とともに雪の中を社参する姿は神秘的でさえあった。

そして、三月一日[※2]が本日であった東浅井郡びわ町川道《かわみち》（現長浜市）は、どこで調査しても「あすこのオコナイは見たか」、「あの一俵《いっぴょう》お鏡は湖北一だ」と喧伝《けんでん》され、川道のオコナイが終わると湖北に春が来ると風物詩にまでなった、まさに圧巻のオコナイである。

※1　中澤成晃　現代における宮座崩壊過程の一側面—びわ町川道のオコナイを中心に—『まつり』第三十一号、まつり同好会　昭和五十三年　ほか
※2　びわ町川道のオコナイは、現在では三月一日前後の日曜日に行われる

第一章　滋賀県下と各地のオコナイ　7

第二章　オコナイの起源と特質　25

●本書に掲載の写真は平成二十二年（二〇一〇）滋賀県長浜市川道町（旧東浅井郡びわ町川道）東庄司のオコナイを中心としているが、著者の長年の調査研究の中で撮影したものも含まれ、これらについては撮影年を記載している。川道のオコナイについては、昭和六十一年（一九八六）の西村の行事なども合わせて掲載している。

●市町村合併により、湖北一帯は長浜市に統合されたが、地域の詳細が判明しにくいので、第一章・第二章の地名は平成二十年一月一日以前の旧市町村名で記載し、現市町名は括弧書きしている。

●本誌に記載されるオコナイの実施日は、調査当時のものである。（近年、オコナイの日の変動が著しいので、訪れる際は、地元の支所などに確認されることをおすすめする。）

●行事を中心に行うトウヤについては「頭家」「当屋」「当番」など各地でさまざまな呼び名があるが、川道のオコナイについては「当番」その他については現地で使われる文字呼称を尊重し不明の場合はカタカナで表記したトウヤとして掲載している。オコナイについても同様であるが、総体を示す場合にもカタカナ表記とした。

第一章 滋賀県下と各地のオコナイ

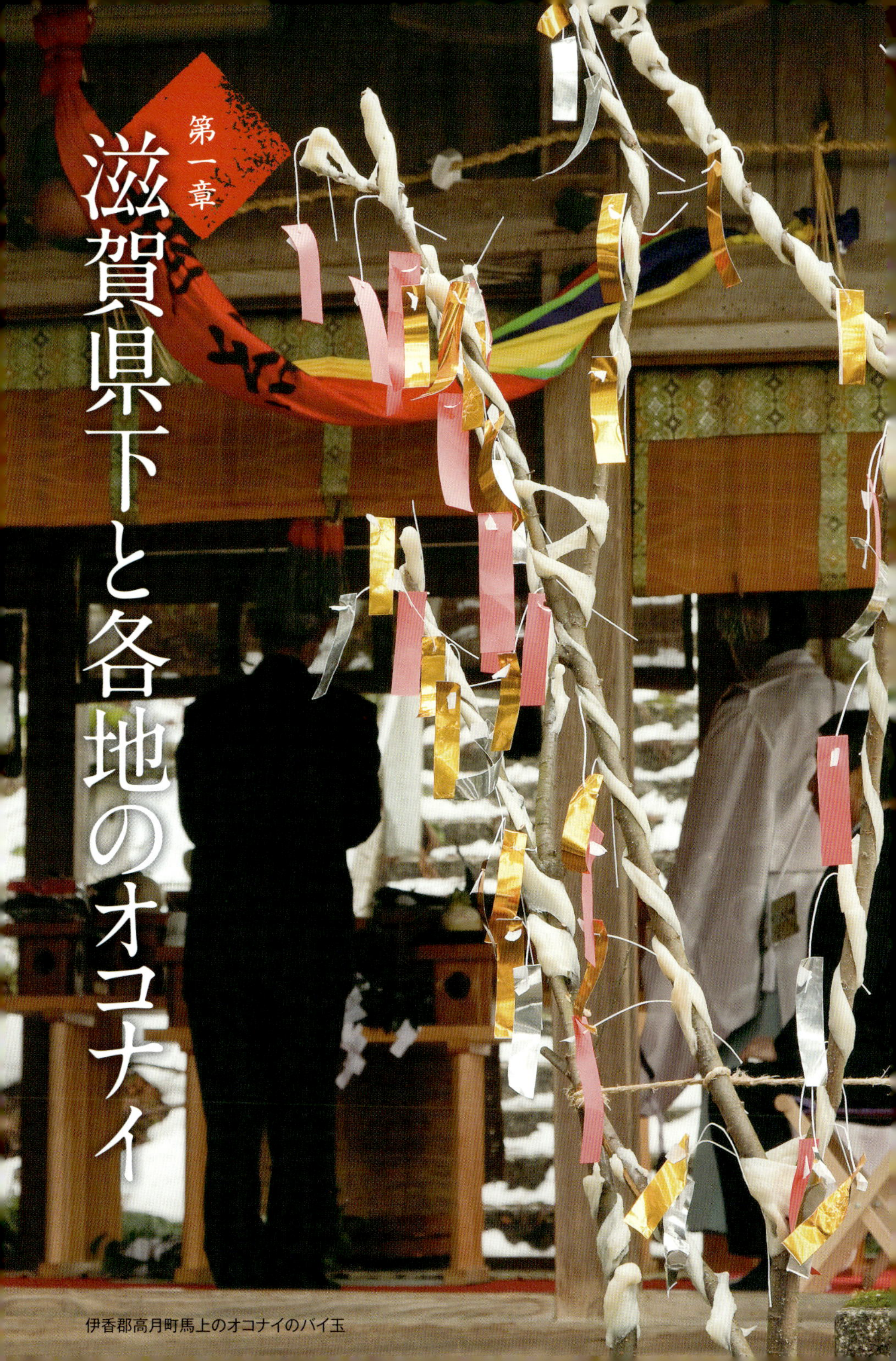

伊香郡高月町馬上のオコナイのバイ玉

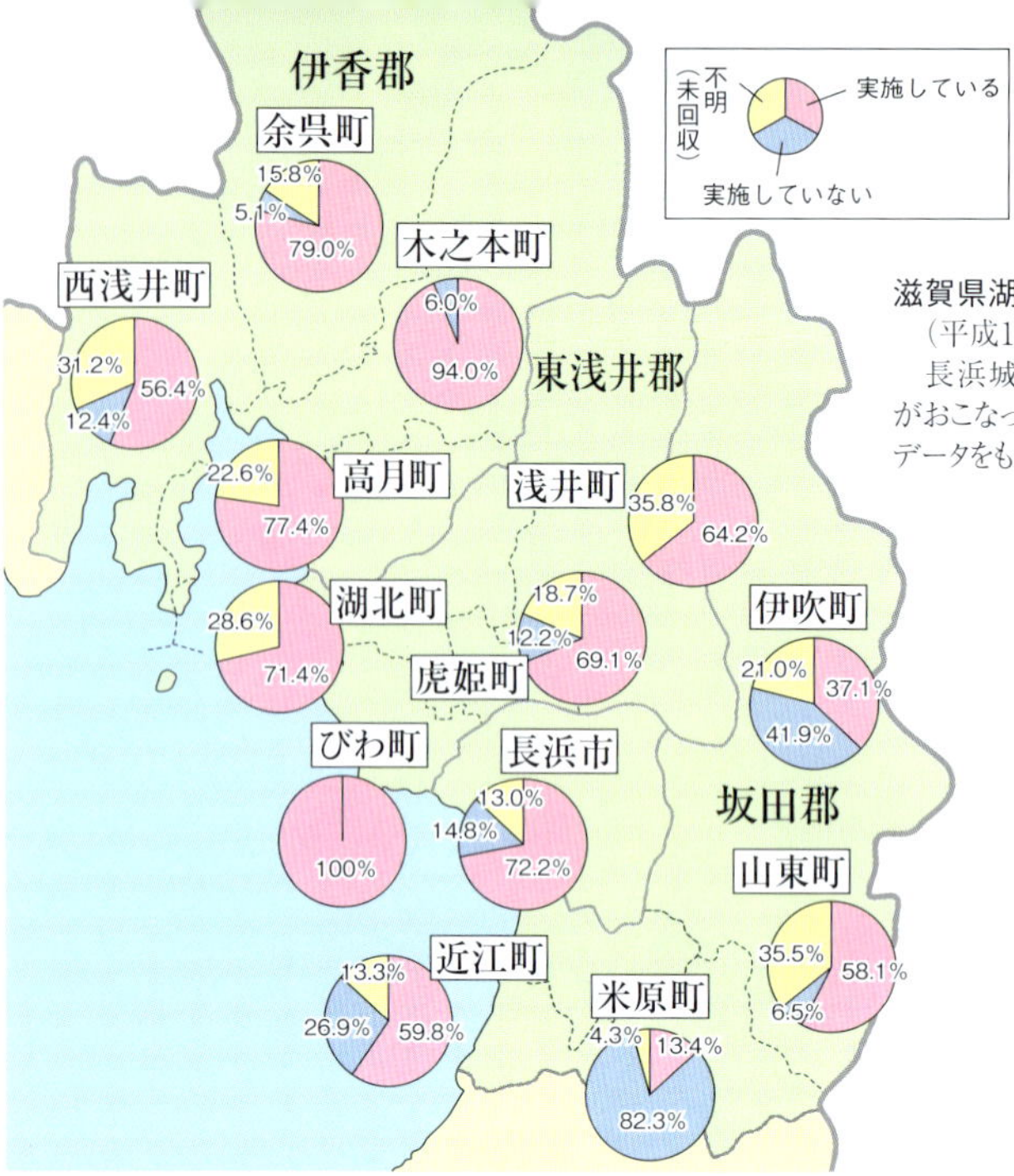

滋賀県湖北地域の市町別オコナイ実施率
（平成13年10月現在）
長浜城歴史博物館と長浜市市史編纂室がおこなった「平成13年度年中行事調査」のデータをもとに作成

オコナイの定義と分布

オコナイは、五穀豊穣と村内安全を祈願して年頭に行われる予《よ》祝《しゅく》行事である。予祝とは聞き慣れない言葉であるが、文字どおり「予《あらかじ》め祝《いわ》う」、つまり秋の収穫を先取りしてその成果物である鏡餅や、豊かに実った穂を象《かたど》った米玉《まいだま》をこしらえて供えるのである。平たく言うと神様へ賂《まいない》（捧《ささ》げ物）を贈り、その年の豊作を保証してもらうのである。その賂が供物、神饌《しんせん》と呼ばれ、代表的なものが鏡餅、酒であり、いずれも米から出来るものである。これらを供えるに際して餅を搗《つ》き、寺や神社に奉納し、直会《なおらい》、鏡餅開き、そして次の当番であるトウヤに引き継ぎを行うのがオコナイのあらましである。

ただし上記のような行事内容からすると多くの祭りがオコナイに該当することになる。よってその呼称を、オコナイ規定の第一の目安にしたい。オコナイという呼称が確認できるのは、私が調査した範囲では滋賀県、奈良県、京都府、兵庫県などの近畿地方、そして島根県、鳥取県などの中国地方、大分県や佐賀県など九州地方の一部である。もちろん行事の一部を名称としている地域も多い。例えば、大分県の国東《くにさき》半島や佐賀県の藤津《ふじつ》郡太良《たら》町竹崎《たけざき》では、「鬼祭り」と呼ぶ。滋賀県内では湖東地域や大津市、草津市などにも散見するが、大津市下阪本の「オコボさん」、愛知《えち》郡愛東《あいとう》町妹《いもと》の「シュウシ」「ゆきかきまつり」、草津市下笠《しもがさ》町の「エトエト」などがあり、県内では特殊な神饌に重点が置かれているのが特徴である。

17 島根県松江市秋鹿町
16 鳥取県境港市竹内
18 島根県平田市（現出雲市）塩津町
鳥取県
島根県
兵庫県
滋賀県
15 兵庫県姫路市
大分県
19 大分県国東市国東町
伊香郡西浅井町集福寺 3
伊香郡西浅井町横波 4
2 伊香郡木之本町杉野
1 伊香郡木之本町古橋
8 伊香郡高月町高野
伊香郡高月町磯野 7
5 伊香郡高月町馬上
伊香郡高月町東物部 6
東浅井郡湖北町延勝寺 9
長浜市
東浅井郡びわ町川道
第3章
10 長浜市宮司町
琵琶湖
高島市
米原市
彦根市
多賀町
大津市
甲良町
豊郷町
愛荘町
近江八幡市
東近江市
11 愛知郡愛東町妹
野洲市
守山市
竜王町
14 大津市下阪本
13 草津市下笠町
草津市
日野町
栗東市
湖南市
12 甲賀郡甲南町市原
甲賀市
JR北陸線
JR東海道本線
JR東海道新幹線
JR草津線
北陸自動車道
名神高速道路
新名神高速道路
湖西道路
湖周道路
近江鉄道
信楽高原鐵道
京滋バイパス
奥比叡ドライブウェイ
余呉湖
竹生島
多景島
沖島
西の湖
伊吹山
三上山
おうみしおつ
きのもと
木之本IC
たかつき
マキノ
石田川
おうみいまづ
姉川
長浜IC
ながはま
さかた
さめがい
かしわばら
米原IC
まいばら
あどがわ
安曇川
おうみたかしま
芹川
犬上川
ひこね
彦根IC
たが
愛知川
志賀IC
とよさと
えちがわ
のとがわ
日野川
野洲川
あづち
ごかしょう
おうみはちまん
ようかいち
和迩IC
真野IC
かたた
仰木雄琴IC
坂本IC
さかもと
八日市IC
やす
もりやま
竜王IC
くさつ
てはら
栗東IC
いしべ
ひの
ぜぜ
おおつ
大津IC
いしやま
せた
草津JCT
草津田上IC
いしやまでら
瀬田東IC
瀬田西IC
みなくち
じょうなん
きぶかわ
こうなん
信楽IC
しがらきぐうし
甲南IC
甲賀土山IC
瀬田川
こうか
あぶらひ
しがらき

⬆紋付姿の餅搗き。後ろで、「デンコンデン」と女性たちによる鉦・太鼓の囃子が入る

1 伊香《いか》郡木之本《きのもと》町古橋《ふるはし》

三月八日／薬師堂（与志漏《よしろ》神社境内）

⬅出来上がった鏡餅

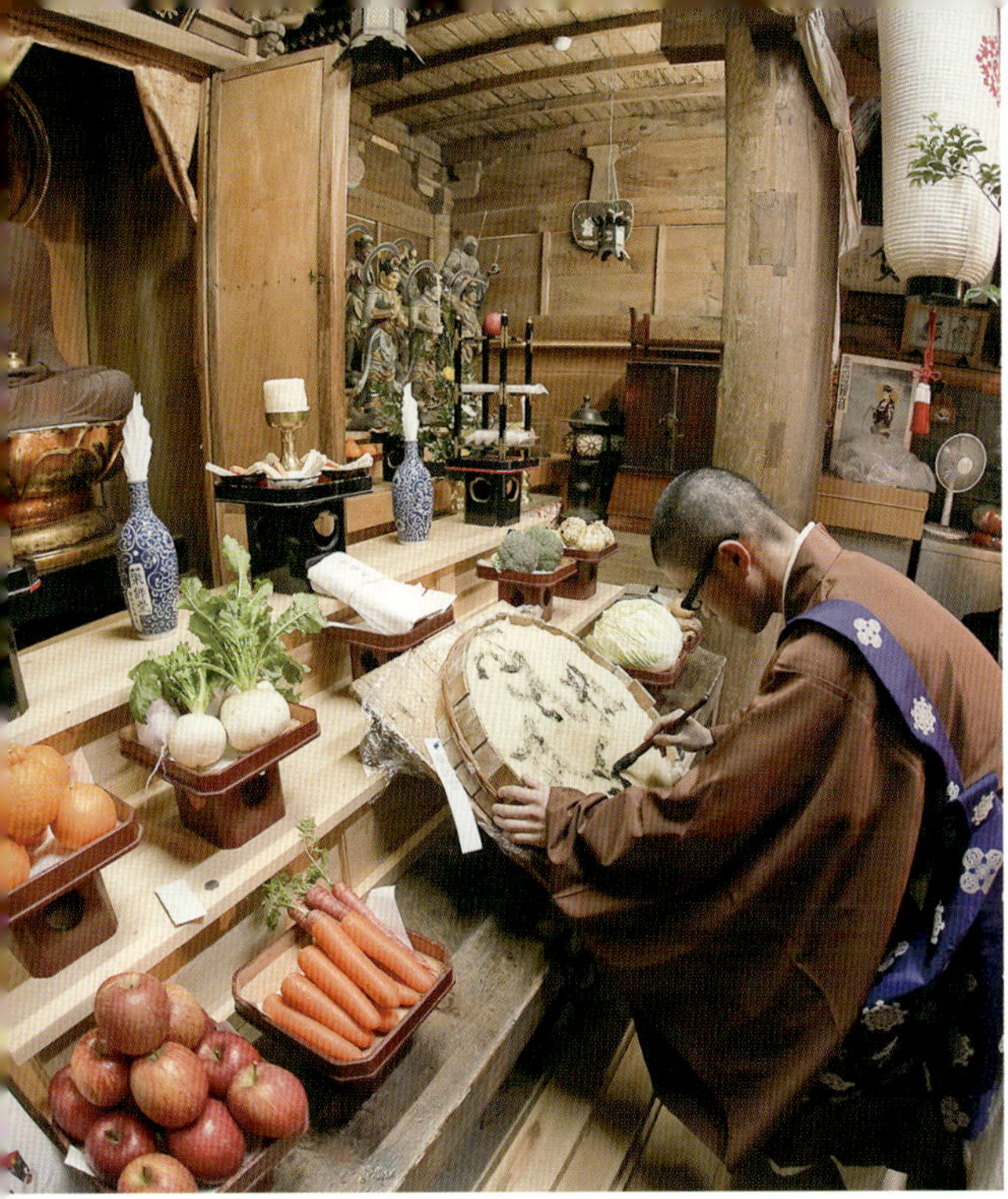

←薬師如来に供えられた鏡餅に読経のあと墨書する

くびれ臼に棒杵《ぼうきね》、兎の餅搗きならぬ古橋の紋付姿餅搗き風景である。最初は愛宕《あたご》参りのゆっくりしたテンポから、次第に早くなり「ヤッソッソ、ヤッソッソ」と激しく掛け声を掛けながらスピードアップする。厳格な作法に従って作られた鏡餅のうち、最も大きいものが薬師堂に供えられる。

薬師堂では、僧侶が読経《どきょう》のあとに墨書されて薬師如来に供えられ、小さなお鏡はそれぞれ観音様らに供えられる。

メモ

途絶えた『己高山御頭役帳』

己高山《こだかみやま》南西の山麓、高時《たかとき》川に沿って古橋がある。村の高台には与志漏神社という式内社があり、参道の右手には大日堂、薬師堂と続き、一段高い広場に文化財収蔵庫「己高閣《ここうかく》」がある。そして東方にそびえる山々には鶏足寺を始めとして数々の古代寺院の寺跡がある。

古橋の保管する数々の貴重な古文書の中の一冊に「己高山御頭役帳」がある。これは己高山から見える村々（三六カ村に及ぶ）を一括しておこなわれる「己高オコナイ」の御頭役に選ばれた者の名前を江戸初期から昭和三十八年（一九六三）まで書きついできたものである。この指頭《さしとう》（頭屋を決めること）の権利は、己高山鶏足寺《けいそくじ》にあり、前頭・後頭と二人の頭屋を御籤《みくじ》によって任命するという仕組みであった。昭和三十九年以降、絶えておこなわれていない。

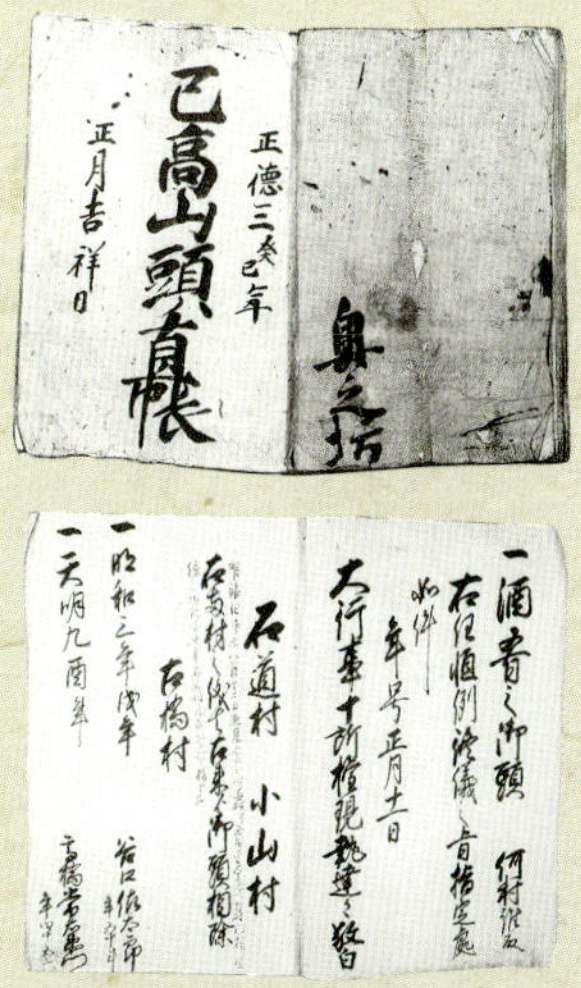

▲正徳3年（1713）の『己高山御頭役帳』（木之本町古橋蔵）

⬆杉野中で薬師堂に供えられた「立て餅」。「お花」の形は地区ごとに微妙に異なる（平成2年）

⬇杉野向の阿弥陀堂内。正午からシュウシと呼ばれる酒宴がおこなわれ、その後、トウヤ選びのくじへと進む（平成2年）

2

伊香郡木《き》之《の》本《もと》町杉《すぎ》野《の》

上…二月十三日、中…二月八日、向…二月十五日
薬師堂・阿弥陀堂

高時川に合流する杉野川の谷間に開けた杉野は、旧来の地区割りで上・中・向《むかい》地区にある薬師堂阿弥陀堂それぞれでオコナイをおこなう。

丸桶に入れた鏡餅とともに供えられる一組の桜の造花は、「お花」と呼ばれ、三宝《さんぽう》にセットされた桜の古木を幹として、枝を刺し、桜色の和紙の花びらで飾り立てたもの。オコナイが終わると、この花を新トウヤの床の間にすえ、もらいに来た子供たちに抜いて与える。

3 伊香郡西浅井町集福寺《しゅうふくじ》

二月十一日／下塩津神社

先頭・後頭の二人が、オオトウ（鏡餅）と牛玉宝印《ごおうほういん》を背負って社参する際、「みあげ六人」と呼ばれる女性の一団がつく。深い雪の中、母子が晴れ着を着て、頭上に供物をささげ社参する姿は、男性中心のオコナイの中では、珍しい光景であった。現在では簡略化されて女性の晴れ着姿は見られなくなった。

←昭和六十一年（一九八六）当時のミアゲ

↓現在（平成18年）のミアゲ

4 伊香郡西浅井《にしあざい》町横波《よこなみ》

二月五日／日吉神社・三月七日／薬師堂

←雪の中、日吉神社からご神体を迎えるトウヤ（平成十八年）

←薬師オコナイ（平成17年）

横波ではオコナイの当日、神社から分神を公民館へお迎えする。そして館内の二階に祭壇を設え、祭典、御能様囃子《オトサンバヤシ》（鏡開き）、トウ渡しまですべての行事がおこなわれる。

一方、西浅井町内には薬師如来や阿弥陀仏を対象としたオコナイ（神事）が見られ、横波の場合、昭和二十一年（一九四六）まで盛大におこなわれていた。現在でも簡素化され引き継がれており、鏡餅を供えて三月七日の夜と八日の午前中にお参りをする。

⬆鏡餅を包んだコモと巨大な負い縄を背負う高月町馬上の「鏡負い」（平成2年）

5 伊香郡高月《たかつき》町馬上《まけ》

2月9日／走落《はせ》神社・意富布良《おほふら》神社・地蔵堂

馬上の負《お》い縄が姉《あね》川の河口のエリに流れ着くと、びわ町南浜《みなみはま》の漁師は湖北に春が来たことを実感するという。この負い縄が登場するのは五年に一度の大祭の時である。

宮参りの主役というべき鏡負いの三人は、風呂に入って体を清め、顔にそれぞれが鏡餅を供える寺社の雰囲気に合わせた化粧をする。この二日前におこなわれる餅搗きも、鉦、太鼓を打ちながら途中、墨で顔に落書きしたりして賑やかにおこなわれる。

負い縄の中に入ると、病気をせず健康でいられるとされる。

➡賑やかな高月町馬上の餅搗き（平成2年）

⬆東物部の御頭餅（右）とマイ玉（昭和61年）

6 伊香郡高月町東物部《ひがしものべ》

2月17日／乃伎多《のぎた》神社

⬅東物部のとびの餅（昭和六十一年）

すでに作られなくなったオコナイの供物であるが、御頭餅《おとうもち》は、平たい鏡餅の周囲に注連縄をまいたもの（右上の写真）。注連縄は微妙にカーブを描き、先端を天高くピンと立てるのが特徴である。

マイ玉は、ケヤキの枝に餅をからめ蕪《かぶ》で作った雀《すずめ》を吊るす（左上の写真）。雀というと害鳥のイメージがあるが、ついばみに来て食べきれないくらい稲が実るように祈願するのだという。マイ玉とともにスン玉と言って藁を宝珠のような形に編みあげる。これは、村はずれに落ちてきた火の玉の形だと聞いた。

⬆磯野の嫁オコナイ（昭和61年）

⬅餅搗きは、棒杵でおこなわれる（昭和六十一年）

7 伊香郡高月町磯野《いその》

二月十五日／赤見《あかみ》神社

磯野のオコナイは「嫁オコナイ」と呼ばれ、その年に結婚した男性が、晴れ着に角隠しでお嫁さんに女装して社参する。旦那役は紋付袴で和傘を差し掛けてあたかも花嫁道中のようである。

平たい鏡餅は戸板のようなものに載せられて、額に豆絞《まめしぼ》りの手ぬぐいを巻き、着物を端折って赤い襷《たすき》を掛けた男性が運ぶ。

おこないメモ
酒肴に生の大根

オコナイには見た目清らかな白色と緑の取り合わせである大根を酒肴《しゅこう》（酒のアテ）として出すことが多い。

中には木之本町杉野のように一本丸ごと出る場合もあるが、高月町磯野ではサイコロ状に美しく切って交互に並べて出し、「ハサミ肴《さかな》」と呼ぶ。

湖北町延勝寺では、正方形に切ってその四隅を落としたものを重箱いっぱいに詰め「重引《じゅうひ》き」と呼んでいる。木之本町古橋が保存している昭和九年（一九三四）の「神事諸控帳」の献立の欄にも「重引」の語がある。

⬆高月町磯野で出される大根の「ハサミ肴」（左）と鯖のなれずし（右）［ともに複製］。敦賀に近い湖北では、フナずしだけでなく、鯖の麹漬けやなれずしが出ることも多い

⬅湖北町延勝寺で出される「重引き」。四隅を落とすのは、手でつまみやすようにするためという

⬆薬師堂に供えられた4組の鏡餅が美しさを競う。手前にゴー（牛玉《ごおう》）も供えられる

8

伊香郡高月町高野《たかの》

三月八日／薬師堂（己高山満願寺）

⬆ゴーを手にしたトウヤを先頭に、薬師堂へ向かう鏡餅の一行。子供たちが鉦・太鼓のシャギリで送る（昭和63年）

高月町北東端に位置する高野は、古くは己高山の末寺があったと伝えられるが、現在、社寺には高野神社、隣接して己高山満願寺の薬師堂がある。オコナイの供物はこの薬師堂に供えられ，僧侶の読経を受ける。

特筆すべきは、鏡餅の美しさで、空気が入ってできた細かいつぶつぶを一つずつ木のトゲでつぶして整えられる。

⬆トウヤの床の間に飾られたエビ縄。臼を逆さに置き、その上に筵をかぶせ、オカワの台、オカワと重ねて、巨大なエビ縄を置き、その上に御幣を飾る

⬆湖北町延勝寺の餅搗き。昔は、「高い山から谷底見ればナスやキュウリの花盛り」などの棒搗き歌が歌われた（昭和61年）

9 東浅井郡湖北《こほく》町延勝寺《えんしょうじ》

２月12日／飯開《いびらき》神社

氏神の飯開神社の社宝である室町初期の銘がある髹漆《きゅうしつ》神輿は、重要文化財に指定されている。

延勝寺のオコナイは、まずトウヤにあたると牛馬鳥卵の類を絶つ厳しい精進潔斎《しょうじんけっさい》で知られる。

トウヤの家の床の間に飾られるエビ縄は、大中小の三種類あり、社参の際に鏡餅とともに運ばれ、飯開神社の拝殿に御幣とともに供えられる。

十二日の本日には早朝六時から裸参りといって、小学生から高校生ぐらいまでの子どもが集まり、棒搗きをする。

⬆日枝神社の拝殿に吊された餅花（昭和62年）

10 長浜市宮司町《みやし》

1月9日／日枝神社《ひえ》

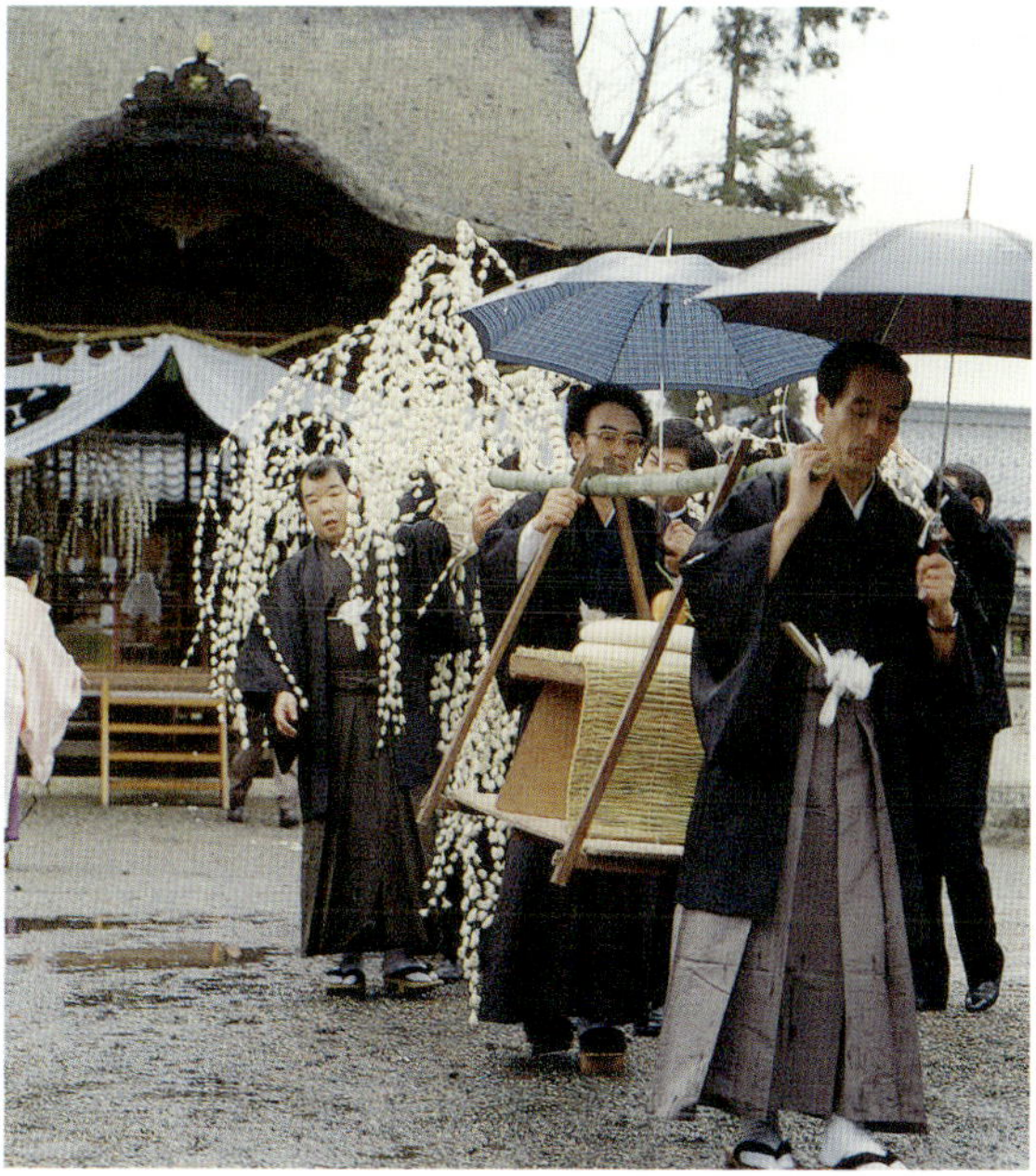

⬆鏡餅と餅花を下げる東町の後当。鏡餅を載せた御鏡板には、「天保七年（1836）」の墨書がある（昭和62年）

餅花は長浜だけでなく全国的に見られるが、長浜市宮司町のように大きな柳《やなぎ》を使い、拝殿いっぱいに広がる巨大なものはないと思われる。オコナイの当家を「花宿《はなやど》」、当人を「花宿の主《あるじ》」と呼び、東町（旧宮川村）・西町（旧下司村《げし》）それぞれによって二本が納められる。

東町に鎮座し、宮川山王《さんのう》と称した日枝神社は、もともとは大東《おおひがし》・室《むろ》・大辰巳《おおだつみ》・勝《かつ》・四ッ塚《よづか》を加えた七ヵ村の惣社で、神事祭礼は共同で執行していた。

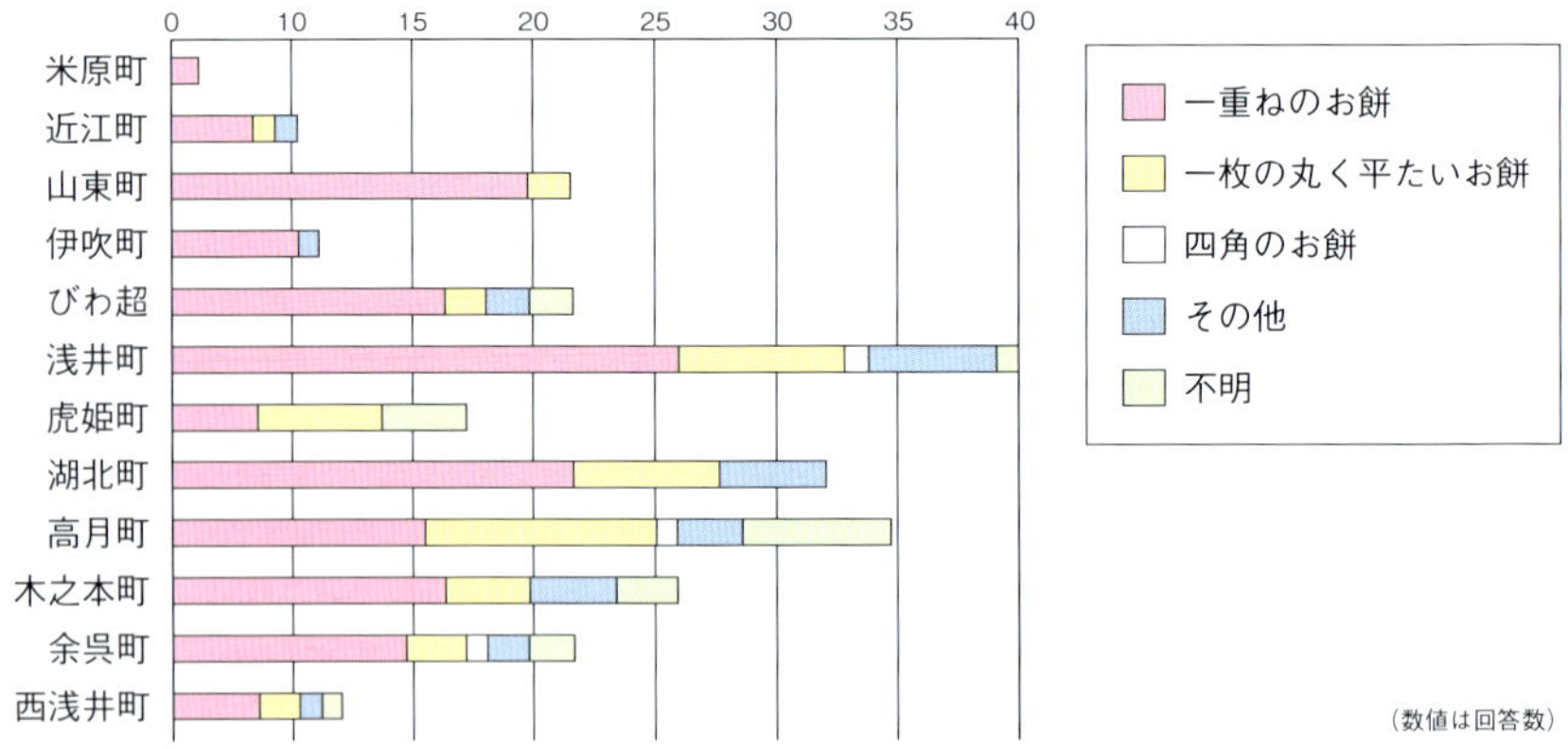

滋賀県湖北地域の市町別オコナイの餅の形（平成13年10月現在）

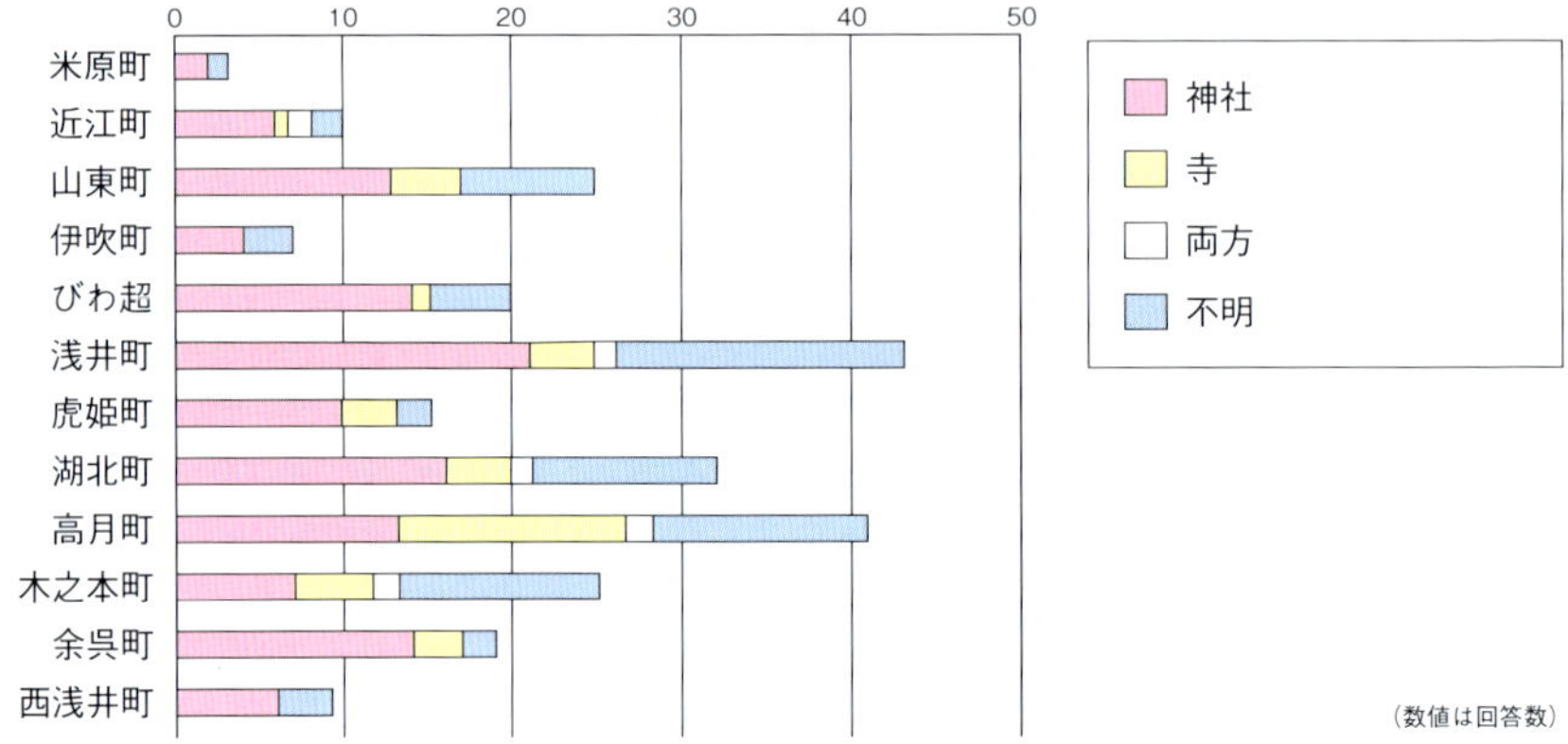

滋賀県湖北地域の市町別オコナイの場所（平成13年10月現在）

長浜城歴史博物館と長浜市市史編纂室がおこなった
「平成13年度年中行事調査」のデータをもとに作成

お餅の形は現在では一重ねの餅が主流であるが、修正会の荘厳に見られる古い形は一枚の平たい餅であり、高月町内に多く見られる。

湖北のオコナイは神社行事と思われがちであるが、実は寺で行われる村も多い。観音オコナイの盛んな高月町では神社と寺院がほぼ同数である。

⬆本殿に納めているのが板御幣。手前で肩に担がれているのが餅を入れた桶。左右が、栗と干し柿を刺した神饌。

11 愛知《えち》郡愛東《あいとう》町妹《いもと》

3月第2日曜／春日神社

近在の四郷（曽根《そね》・妹・中戸《なかと》・鯰江《なまずえ》）によって奉仕される春日神社の祭礼は、地元では「しゅうし」もしくは「雪かき祭り」と呼ばれるが、オコナイに属する行事と考えられる。

桶《おけ》に入れた鏡餅と小餅（平年は12個、閏年《うるうどし》は13個）を担いで社参する。特徴的なのは、割り竹の先端に勝栗《かちぐり》と干し柿を刺した神饌と、上記の通称の由来となっている板御幣《いたごへい》である。

12 甲賀《こうか》郡甲南《こうなん》町市原《いちはら》

一月十五日／浄照寺《じょうしょうじ》薬師堂

旧甲賀郡では、一月に天台宗系のお堂でオコナイがおこなわれる。

市原のオコナイは、西日本の「掛け餅」飾り集大成といっても過言ではない。薬師堂の長押《なげし》に、カギ状の樫《かし》の木に縛り付けた鏡餅を掛ける。樫の木の下部には樒《しきみ》が取りつけられる。お鏡の背後からは竹に餅をくっつけた穂の餅が触手のように取り囲む。参加者に朱を捺《お》す男根状のベットウ（牛玉宝印）もみられ、まさに密教呪術世界の荘厳《しょうごん》である。

➡甲南町市原の荘厳。小芋で作った子供の顔やでんでん太鼓、大根で作ったサイコロを刺した竹串なども飾られる（昭和六十三年）

➡手前が鏡餅状の別膳のゴクウ。奥に並ぶ菰巻きのゴクウは、巨大な納豆のように新藁で餅全体をくるんでしまう

13 草津《くさつ》市下笠《しもがさ》町

二月十五日／老杉《おいすぎ》神社

下笠町内の八つの村が一年ごとの輪番で務めるオコナイは、餅を搗く際、「エトエトヤー、エトエトヤー」と周りが囃すことから「エトエト祭り」と呼ばれる（エトエト＝恵年恵年を意味するという）。

小豆を入れた赤飯で作られる鏡餅は「ゴクウ（御供）」と呼ばれ、短冊状にした米粉の餅を重ねた銀葉《ぎんば》などとともに供える。

14 大津《おおつ》市下阪本《しもさかもと》

一月八日／酒井神社・両社《りょうじゃ》神社

道路（川）を隔てて隣り合う酒井神社と両社神社でおこなわれる「おこぼ神事」には、餅を中心にして人形などで装飾された神饌「オダイモク」が供えられる。

オダイモクは各神社の拝殿に奉納され、祭典が終わると宿で餅を切り分けて氏子各戸に配られる。

⬆オダイモクは全体が餅なのではなく、目の粗い籠の表面に薄く引き伸ばした笠餅と帯餅をかぶせたものである（平成元年）

15 兵庫県姫路《ひめじ》市

1月18日／書写山円教寺《しょしゃさんえんきょうじ》

西国二十七番札所として知られる天台宗別格本山円教寺でおこなわれる修正会《しゅしょうえ》は、別名「鬼追い会式《えしき》」と呼ばれ、宝剣を手にした赤鬼と青鬼が登場する。鈴を鳴らしながら四股《しこ》を踏む姿は、大地を浄め五穀豊穣を祈っているものとされる。

その本堂の天井から真っ赤な造花が下げられ、長押《なげし》には「英賀西村《あがさいむら》中《じゅう》」と書かれた三個の鏡餅が掛けて供えられている。

➡「西の比叡山」とも称される円教寺の修正会で、本堂に吊されている掛け餅（平成十三年）

16 鳥取県境港市《さかいみなと》竹内《たけうち》

1月9日／正福寺《しょうふくじ》・大同寺《だいどうじ》

⬆鳥取県境港市竹内のオコニャ（平成13年）

オコニャ（薬師講ともオコニャ講ともいう）は、先祖の霊を祀り、一族の繁栄を祈願しておこなわれる。「御講内」と書いたりもし、次頁の出雲市（島根半島）でもオコニャと呼ぶ。

曹洞宗《そうとうしゅう》大同寺堂内の長押《なげし》に掛けられた大鏡餅の前で大般《だいはん》若経《にゃきょう》の転読がおこなわれる。二枚の大鏡餅の表には「南無薬師如来」、もう一枚には「町内安全」と太々と墨書し、松の割木で×にはさみ、荒縄で縛る。

17 島根県松江《まつえ》市秋鹿《あいか》町

2月6日／高祖寺《こうそじ》大日堂

⬆大日堂内の「大餅さん（おおもっつぁん）」

⬆130kgの「大餅さん」を担いで、山を下りる（平成8年）

真言宗高祖寺の大日堂で、長押《なげし》に掛けられた大餅に読経する。参加者は合わせるかのように棒で床を叩く。大餅は裏表を×にくくり、上部はハナで飾られ、表面は垂れた蔓《かずら》で隠されている。

その後、大餅は降ろされ、上半身裸の青年に担がれ、雪の中、村中を練りまわる。

18

島根県平田市《ひらた》(現出雲市《いずも》)塩津町《しおつ》

一月十五日／蓮行寺《れんぎょうじ》

当地のオコニャでは、ハナの木(樒《しきみ》)で鏡餅を飾り、曹洞《そうとう》宗《しゅう》連行寺の仏前に掛けて荘厳《しょうごん》する。その下部に白紙で覆って三角に積み重ねられているのが、ゴワグシ(牛玉《ごおう》の串)である。写真は、持参したウツギの木で激しく床を乱打しているようす。いわゆる乱声《らんじょう》であるが、当地ではサバが大漁で跳びはねている光景を示すとされ、「サバサバ」と呼ぶ。

⬆岩戸寺講堂の掛け餅(平成13年)

19

大分県国東市《くにさき》国東町《くにさき》

一月三十日／岩戸寺《いわとじ》・成仏寺

国東半島には、六郷満山《ろくごうまんざん》と総称される天台宗の寺院群があり、独特の文化を保持している。修正鬼会《しゅしょうおにえ》は、岩戸寺と成仏寺で隔年交代でおこなわれる火祭り。

石段に大松明が立てられた講堂では、四角い掛け餅・花(香《こう》水棒《ずいぼう》)・牛玉《ごおう》杖による荘厳の前で、僧侶による悔過《けか》・吉祥天《きっしょうてん》への五穀豊穣の祈りがおこなわれ、松明を手にした鬼が区内の各戸を訪れて家内安全の祈禱をする。

第二章

オコナイの起源と特質

高月町馬上では、神主によって
地蔵堂の鏡餅に大根で作った
牛玉（宝珠）が捺される

甲賀町滝 エトエトの御鏡

⬆鏡餅が供えられた薬師堂の中の諸仏［木之本町古橋］

仏教行事に源をもつ神事

湖北地域のオコナイを調査していると神社を中心としたオコナイ（神事）とともに、薬師オコナイを行う村が旧伊香郡内に多いことに気がつく。薬師さんの命日である二月八日に村の薬師堂に鏡餅を供え、僧侶が読経《どきょう》をし、そのあと皆でお堂にこもり、楽しく一夜を過ごす。今では、一晩中こもることは少なくなったが、薬師さんを信仰する人たちが仲間（講）をつくり、高齢者の楽しみの場ともなっている。

さてこの仏教行事をなぜ神事《オコナイ》と呼ぶのだろうか。神と仏が切りはなされていなかった時代の習合の名残といえばそれまでだが、その雰囲気は実は、平安時代のオコナイの雰囲気そのものなのである。

オコナイの餅をもらう僧

説話集である『今昔《こんじゃく》物語集』は日本最大の古代説話集である。十二世紀前半の成立と考えられているが編者についてはくわしいことはわからない。各説話が「今《いま》は昔《むかし》」で始まるのでこの名があり、中心は仏教説話であるが、一般の人々の暮らしぶりを描いた世俗《せぞく》説話も全体の三分の一以上を占め、古代社会の各層の生活を活写している。その巻第十九第二十一「以仏物餅造酒見蛇語（仏物《ぶつもつ》の餅をもって造れる酒蛇《くちなわ》と見えたる語）」には「行ひ《オコナイ》」の語が登場するので、一部分を紹介してみよう。

「比叡山で修行した僧が、生まれ故郷の摂津《せっつ》の国に帰り、妻をめとって仏事を執り行っていた。僧はいろいろな法要に呼ばれていたが、特に正月のはじめの修《しゅ》正会《しょうえ》には必ず導師になって行ひ《オコナイ》の餅を多くもらっていた。」

このことから当時、国家鎮護《ちんご》・万民快楽《ばんみんけらく》（作物が豊かに実り、国が安泰で人々が楽しく暮らせること）を願い、国家の行事として正月に行われていた修正会《しゅしょうえ》が摂津の村々にも定着していたことがわかる。また修正会には餅が多く供えられており、この行事をオコナ

←西浅井町山田の薬師オコナイ（平成17年）
早朝、鏡餅を白山神社境内にある薬師堂に供え、僧侶が大般若経を転読する。始まりは平安時代にさかのぼるという神仏習合の例

イと呼んでいたこともわかる。今昔物語集のできたのは嘉承《かしょう》元年（一一〇六）以後の十二世紀前半と考えられているから、平安時代すでに村々では僧侶を呼んでオコナイがとり行われていたことがわかるのである。

一年の罪過を懺悔する

また正月だけでなく二月にもオコナイを行っていたことが日本最初の仏教説話集である『三宝絵詞《さんぼうえことば》』には記されている。この本は、永観《えいかん》二年（八九四）に尊子内親王《そんしないしんのう》（冷泉《れいぜい》天皇の第二皇女）に仏道修行の助けとして献上された仏教説話集である。この正月、二月の記載では、正月に修する法会《ほうえ》を、修正月といい、「身の上のことを祈り、年の中のつつしみをなすに寺としておこなはぬなく、人としてきよまはらなければ」と、年の初めに人々の安全と国家の安穏《あんのん》を祈願する重要な寺の行事として位置づけている。なお、「きよまはる」は、清まるの意と考えられ、神仏の前で一年の罪過《ざいか》を懺悔《ざんげ》する、すなわち仏教でいう「悔過《けか》」の必要性を述べている。

湖北のオコナイが全体的に清めという雰囲気を色濃く残しており、湖北町の延勝寺などのようにミルクキャラメルでさえ食べないというように非常に厳しい食事制限が要求されるオコナイがあるというのも、それは修正会の精進潔斎《しょうじんけっさい》と合致《がっち》しているのであろう。つまり四つ足の動物を一切食べないで身を清めるという考えである。ただし寺の行事とはいえ正月は、元来、日本人にとって年の初めに新たまるという民族的特性があることが根底にあることを忘れてはいけない。つまり正月はわたしたちにとって一年の始まりであり、一年を占う大事な月なのだ。

そして二月に修する法会の大切さも、この書物では次のように強調している。「この月の（二月のこと）一日よりもしは三夜、五夜、七夜山里の寺の大きな行《おこなひ》なり。作り花をいそぎ、名香をたき仏の御前《ごぜん》をかざり、人のいたつきをいることつねの時の行《おこなひ》いにことなり」と、山里の寺において行われている修二月の行をオコナイと呼び、仏前で造花をかざり（荘厳）、香を焚《た》きしめると具体的に記されている。

湖北のオコナイも現在は生活改善運動で現代の暮ら

しにあうように日が短縮されているが、びわ町川道のように準備からいれるとほぼ一カ月のロングランという地区もある。また木之本町杉野《すぎの》(現長浜市)のように、一カ月前から造花の準備を始めることなどを考えると山里の書き記された古代のオコナイのようすが湖北のオコナイからも伝わってくる。

私たちは、オコナイ＝神事と考え、神社の行事と考えがちであるが、『今昔物語集』や『三宝絵詞』に記されたように仏を中心としたオコナイが古くからあったことは事実であるから、寺院を中心としたオコナイが、後世、神事と呼ばれるようになった可能性は非常に高いことがわかる。

魔除けの牛玉宝印

甲賀地域の密教的オコナイ

県内のもう一つのオコナイ地域である甲賀地域に視点を移すと、湖北とは異なる姿が浮かび上がってくる。ここでは本尊を掛け餅(後述)や樒《しきび》で飾り、密教系の僧侶が読経《どきょう》をおこない、参加した村人が木の棒で机や床を激しくたたく行為や、独特の作り物、魔除《まよ》けの牛玉宝印《ごおうほういん》*が生き続けている。神社のオコナイはまれで、寺院それも天台宗の密教系寺院で行われ、僧侶が同伴する。

これらのかたちは滋賀県を超えて西日本中に見事なくらい共通しているが、湖北地域にはこのパターンを踏襲《とうしゅう》するオコナイは少ない。その要因として、オコナイを担うべき密教系寺院の廃寺化、雑行《ぞうぎょう》を排した浄土真宗の布教が深く関わっているようである。すなわち浄土真宗の勢力拡大とともに、采配者《さいはいしゃ》である密教系の僧侶の不在化が進み、行事の主体は村人に移ったと考えられる。

朱色の護符

甲賀地域や湖北の余呉町でしばしば登場する牛玉宝印《ごおうほういん》、この言葉は歴史用語として用いられるが、オコナイの場で正式な呼称が使われることはほとんどない。実は牛玉宝印はオコナイの中で欠くことのできないものの一つだった。しばしば「牛王」と書かれるが、元来、牛玉と書いて、牛の体内から取り上げられる貴重な宝玉である。その玉をすりつぶして朱と混ぜ合わせたものを印で捺したものが牛玉宝印である。

歴史的にたどれば、すでに中世からこの牛玉宝印は戦国武将のあいだでは、約束を守る誓紙として使われ、そむけば神罰を受ける厳格なものであった。中でもよく知られていたのが紀州熊野大社の烏牛玉であった。熊野牛玉神符は別名「おカラスさん」とも呼ばれ、烏

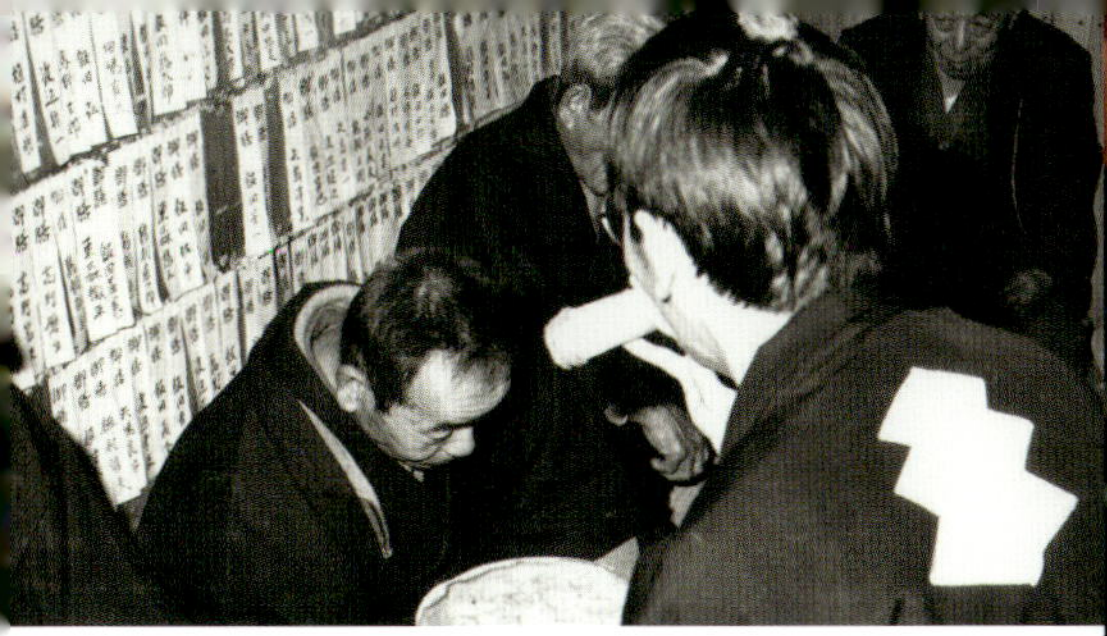

⬆甲南町市原で額に捺される牛玉宝印は、ベットウと呼ばれる（昭和63年）

➡甲賀町滝のエトエトの鏡餅の中央には、牛玉宝印（平成20年）

⬆高月町馬上で、大根で作った牛玉が押された地蔵堂の鏡餅。朱は、従来かわらけを砕いて酒と混ぜて作っていたが、この年は食紅であった（平成22年）

⬆余呉町摺墨の土印《どいん》（平成元年）

文字で書かれた熊野山独特のものである。古くから熊野権現への誓約を破ると熊野大神の使いである烏《からす》が一羽死に、本人も血を吐き地獄に落ちると信じられてきた。このように霊験あらたかな札であるが、現在では竈の上に祀れば火難を免れる、門口に祀れば盗難を防ぎ、懐中して飛行機・船に乗れば船酔いや災難を免れる、病人の床にしけば病気平癒《へいゆ》となるなど現代にマッチした形で牛玉宝印が命脈を保っているわけである。

現在でも、東大寺修二会式の際には、疲れきった練行衆を癒す妙薬として、額に押印《おういん》する。また比叡山でも修正会には僧侶が参詣者の額に押印《おういん》している。

湖北に残る牛玉宝印の事例

湖北でも、高月町馬上《まけ》のオコナイでは、走落《はせおち》神社・意富布良《おほふら》神社・地蔵堂にそれぞれ負い縄で鏡餅を運んで供え、地蔵堂の鏡餅にのみ神主によって大根で作った牛玉（宝珠）が捺される。

また、余呉町摺墨《するすみ》や同町上丹生《かみにゅう》ではオコナイの際、村の人たちの額に長老が押印している光景が見られる。村の人たちはこれを押してもらうと病気をしないといってオコナイの大事な儀式となっている。ただし、本格的なものではなく、神社の床下の赤土を酒で溶いたものを牛玉の代わりにしていた。そして押印された牛玉紙は、柳や漆《うるし》の木にはさまれて虫害除《よ》けとして田んぼの水口に立てたり、大事な水源を守護する魔除け札でもあった。牛玉宝印は、健康のため、五穀豊穣のため人々にとって欠くべからざる護符だったのである。本物の牛玉が入手しにくいところでは、自ら類似するものを考え出し、同様の効力を求めた。

鬼の出るオコナイ

第一章で、鬼が区内を回って家内安全を祈禱する大分県にある天台宗岩戸寺《いわとじ》の修正鬼会《しゅじょうおにえ》を紹介したが、同様に鬼が登場する事例が滋賀県内にもある。甲賀郡石部町(現、湖南市)で、それぞれの通称「東寺《ひがしてら》」と「西寺《にしてら》」が地名にもなっている天台宗の古刹《こさつ》、長寿寺《ちょうじゅじ》と常楽寺《じょうらくじ》である。以下、私が昭和六十二年(一九八七)に調査した後、途絶えてしまった西寺(常楽寺)の事例を紹介したい。

甲賀郡石部町 西寺の事例

常楽寺の修正会を、地元の人たちは「シンシホツガン」もしくは「観音さんのオコナイ」と呼んでおり、特に大事な行事として意識されている。なぜならこの日、元服《げんぷく》を迎えて座入りする青年が青赤・青鬼の姿で登場するからである。

当日、午前中から村の役員や六人衆(村の長老)が集まり、本堂の飾りつけを始める。そのころ集会場の前の広場に、青年会が藁《わら》を持ち寄って勧請縄《かんじょうなわ》の準備を始める。出来上がると村の入り口に立てられた二本の柱に勧請縄を吊るす。午後、勧請縄の下へ集落に向かって祭壇を設け、導師、住職の後ろには袴《はかま》の六人衆、普段着の青年会が並び、読経する。このあと祭壇を仁王門に移し供物を供え、本堂を望んで読経する。読経がすむと供物を持って本堂へ、青年会は弓と矢を持って本堂前へ向かう。すぐに弓取り式へ移る。

午後二時、本堂での法要が始まる。こののち導師を先頭に、子供、役員、青年団が各々、漆《うるし》の木(牛玉《ごおう》の杖《つえ》)を持って本尊前に並ぶ。法螺《ほら》が鳴り響く。導師の唱える呪文に皆が合わせる。唱え終わると導師について杖をトントンと搗きながら内陣を三回まわる。やがて声明《しょうみょう》が唱えられ、導師の「カンジョウ」という声に続いて「ダイジョウ」と言って立ち上がる。その後、導師は漆の木を手に内陣を回る。

本堂の縁では青年会二人が青鬼・赤鬼となって、青鬼は本堂の左手から、赤鬼は右手から登場する。本堂正面まで来ると手に持った剣、松明を打ち合わせ、すれ違って、三度、堂を巡る。導師について子ども、役員、青年会が漆の木を持って本尊前に並ぶ。真言を唱えて杖をつきつつ、三回内陣を巡る。導師が印を結び、真言を唱え香水《こうずい》をまいて清め、修正会は終了する。

駆け足で西寺の例を見たが、赤鬼・青鬼の登場は、魔除け行為と意識されている。また、西寺では、蔓《かずら》を曲げて作成した勧請縄の真ん中のぶら下がりを「鬼の面」と呼び、平年は一二本の樒《しきみ》を吊るす（これは現在もおこなわれている）。

この「鬼走り《おにばしり》」は、隣の東寺では健在である。

↑湖南市東寺の長寿寺の修正会で続けられている「鬼走り」。鬼の面をつけ、宝剣と松明を持った少年（本来は15歳）が寺の本堂内を走り、厄除けを願う（平成22年）

↑高月町馬上のオコナイに登場する鏡負い役の負い縄に入ると、健康でいられるとされる。本来は子供が入るものだったが、現在は老若男女問わない。これも厄除け行為の一種である

鏡餅の力

鏡餅への執着

湖北地域のオコナイ行事の中核をなすものが、餅＝鏡餅である。その行事内容は、「餅搗き祭り」といい変えることができるくらい、ひたすら餅を搗き、鏡餅をこしらえ、村内安全・五穀豊穣《ごこくほうじょう》を祈って神仏に供える。ところが餅搗きの方法一つを取り上げても、子供たちが裸で千本搗きをする（東浅井郡湖北町延勝寺《えんしょうじ》）、大人が紋付き袴《はかま》で正装して棒搗きをする（木之本町古橋《ふるはし》）などいろいろである。

鏡餅の形もさまざまで、曲げ物に餅を入れ、平べったく鏡のように仕上げる（高月町高野《たかの》）、一俵の餅を円筒状に分厚く仕上げる（びわ町川道《かわみち》）、男根状に成型する（浅井町高山《たかやま》）、延ばし棒で座布団《ざぶとん》のように四角に仕上げる（伊吹町甲津原《こうづはら》）など、実にバリエーションに富んでいる。特に厳格な木之本町古橋《ふるはし》では、古老が担当する鏡餅の成形を「お鏡張り」と呼び、裃《かみしも》を着けた頭主の采配《さいはい》で、マゲワと呼ばれる竹のタガに木片をあてがって枠を作り、その中に少しずつ餅を入れて仕上げていく。

湖北のオコナイの特徴は、お鏡にまつわる多様性に

⬆山東町河内の餅搗き（戦前）

↑伊吹町甲津原では、伸ばし棒を使って平たく四角い鏡餅に仕上げる（昭和61年）

←木之本町古橋での「お鏡張り」は、頭主の采配のもと、古老によっておこなわれる

あるといっても過言ではない。つまり餅＝鏡餅に並々ならぬ執着を示すのが湖北のオコナイの最大の特徴といえよう。

　では、いつ頃からなぜこのように湖北地域のオコナイは鏡餅を中心としたものになったのだろうか。年代変遷を追うことはできないが、村落の経済が安定に向かい、村の永続と子孫繁栄が祈願されたころ（江戸時代中頃）、鏡餅重視のオコナイが、今見る形に定着したと思われる。同時にこの神聖な鏡餅を調整管理し、神仏に供え、村人に分け与える責任者が必要となってくる。湖北のオコナイにおいてはこれがトウヤと呼ばれる村の代表者である。

　現在では、トウヤは回り持ちの組受け制となり、集会場でオコナイをするところも増え、その物質的負担は軽減されつつある。

　しかし、湖北町延勝寺のように、トウヤの家でオコナイをし、牛馬鳥卵の類《たぐい》はもちろんのこと、牛乳の入った食品（例えばミルクキャラメル）でさえ食べないというぐらい徹底して精進潔斎《しょうじんけっさい》をおこなっている村もあり、トウヤは物心両面から村の代表として神仏に奉仕することになる。それゆえ何の差し障りもなくトウヤを務め上げた喜びは大きく、その結果、村の揺《ゆ》るぎない一員として認知されることとなる。

　ではこれまでにして調製され供えられる鏡餅とは何であろうか。

「掛け餅」と「立て餅」

湖北以外に多い「掛け餅」

　第一章で紹介した滋賀県の甲南《こうなん》町市原《いちはら》、そして、兵庫県姫路市、鳥取県境港《さかいみなと》市竹内《たけのうち》町、島根県平田《ひらた》市塩津《しおつ》町、大分県東《ひがし》国東《くにさき》郡国東《くにさき》町のオコナイにみられる鏡餅は、お堂の虹《こう》梁《りょう》（社寺建築にみられる弓なりの梁《はり》）に吊るすタイプ

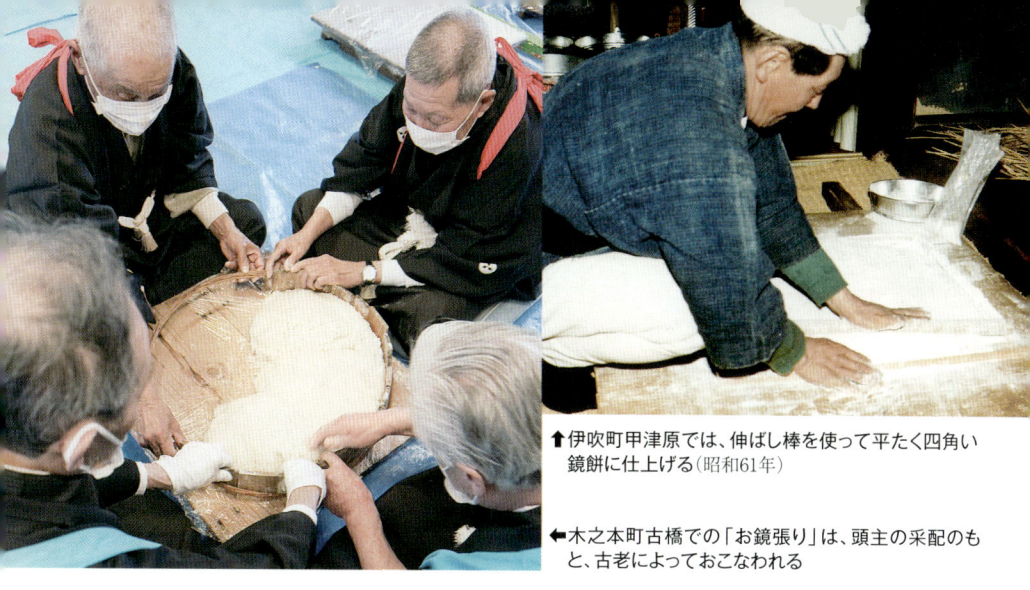

⬆高月町東柳野の薬師堂に供えられた「立て餅」(昭和62年)

⬅余呉町菅並の立て餅(平成2年)

のものである。これを「掛《か》け餅」と呼んでいる。

湖北に多い「立て餅」

湖北の村々には、オコナイの荘厳《しょうごん》(お飾り)として鏡餅を立てて供える村があり、これを「立て餅」という。木之本町杉野中《すぎのなか》の場合、薬師堂の立て餅、そして八幡立て餅を供えるが、立て餅といってもハンボという浅い丸桶《まるおけ》にお鏡餅を入れて、中が見えるようにやや斜めに供えるのである。

他の地域でも、滋賀県下では甲賀町滝《たき》・甲南《こうなん》町稗谷《ひえだに》に俵に縛りつけるような形で立てて飾る鏡餅、兵庫県三田《さんだ》市四ツ辻《よつつじ》では、樫《かし》の木ではさんだ四〇センチ余りの鏡餅を立てて供える。島根県八雲村岩坂《いわさか》では、十文字に縛《しば》った鏡餅を台の上に立てておき、真言宗《しんごんしゅう》の僧侶が読経《どきょう》する。

一重の鏡餅という既成概念

さて私たちのイメージする鏡餅は、正月、三宝《さんぽう》の上に載せられ床《とこ》の間《ま》に据《す》えてある一重《ひとかさね》(二枚一組)の餅、橙《だいだい》、干し柿、昆布、ウラジロなどがそえられたお飾り餅であろう。

このイメージは実は、民俗学の創始者である柳田国男《やなぎたくにお》が抱いたものと、同一のものであった。彼は食生活をめぐる折々の論考を集めた『食物と心臓』(昭和十五年刊)のなかで次のように述べている。

まず「餅の食物としての特殊性の一つは、容易に好みの形を指定しうること」と餅の特徴についてふれる。そしてそれゆえその形は、制作者の意図の反映なしにはできないとして「したがごうてなにゆえに鏡餅は丸いかという疑問なども、また思ったほどに愚問ではないのである」と、これが日本人にとって重要な問題であると提唱する。さらに「そうしてその答えはまだ確定していない」と現状を述べつつ、解決の糸口を「私の注意しているのは、いわゆるお供えの重ねられること、もしくはできるだけまん中を高くしようとすることである。都会風の重ねは二つであるが、それでもその頂点に橙などを載せており、田舎にいくとまだ折々は三つ重ねたものが見られる。これは『お飾り』であって見た目を悦ばすためともいえるが、一つずつの場合にもなるべく腰の高いのを心地よしとするわれわれの心理は原因がなくてはならぬと思う」としている。

つまり餅の真ん中のふくらみにお鏡の特徴があると言うのである。ふくらみは、三角の形、そして「人間の心臓の形をかたどっていたものではないか」と実に明解に餅の形状の意味を述べてくれる。

しかし、柳田の餅についての関心は、残念ながら餅を平置きに供えるという既成概念の枠内であったことは否めない。オコナイにおける鏡餅の供え方を見ていくと、鏡餅は一枚を垂直もしくは斜めに立てかける形で供えるのが鏡餅の本来の姿だったようなのである。

魔除けの鏡

結論をいえば、掛け餅と立て餅の姿は、魔除《まよ》けの鏡としての性格をよく表している。弥生時代から古墳時代に中国から流入した鏡は、その異様な光により呪具《じゅぐ》として使用された。これは中国、朝鮮において鏡が副葬品、もしくは身を飾る道具として使用されたのとは異なる現象である。立て餅は表面を前方に向けて供える方法を継承しており、つまりは古代の鏡の光り輝く反射能力に呪術性を認め、魔除けとしての力を信じた古代の系譜をひくものと考えられる。

以下、実際に湖北のオコナイにおける鏡餅作りの実例を報告してみよう。その中には、明らかに私たちが抱く鏡餅のイメージとは異なるものが含まれているのである。

伊香郡高月町高野の事例

高月町高野のオコナイでは、三月五日、ついた餅を直径七〇センチ余りの曲物《まげもの》に順次入れこみ、調整する。作製の途中、鏡餅の表面に空気が入り細かいツブツブができる。これを一つひとつ丹念に木のトゲでつぶしていく。こうしておかないと、鏡餅が固まった際、そこだけ引っ込むか

➡薬師堂で、本尊の前に立てかけられた高月町高野の「立て餅」（昭和63年）

らである。

最後にフルイで取り粉をかけ、鏡餅の表面をお化粧し、押し蓋《ぶた》をする。そのうえに石臼《いしうす》の重石《おもし》をかけ、ころあいを見計らって蓋を取り、取り粉をふり、小さな藁箒《わらぼうき》で仕上げる。そして床の間の米カシ桶（米を洗う際に使う桶）の上に鏡餅を台ごとのせ、ゴオー（牛玉宝印）を供える。三月八日の本日には、早朝、これを輿《こし》に載せて担ぎ薬師堂に向かう。薬師堂に着くと高野の四組でそれぞれ調整された四つの鏡餅が、まず蓋付きのまま、本尊の前に立てて供えられる。

いよいよ鏡餅の蓋がはずされると、見事に仕上げられた真っ白い鏡餅が姿を現す。村の人たちはこれを見て、口々にどこの組の餅が美しいなどと、賞賛したりけなしたりする。そのあと、僧侶の読経があり、済むと再び供えた時と同様に、輿の上に鏡餅を載せ、トウヤの家に帰る。

着くと早速に、大きな鏡餅の上に、線引きし包丁で切っていく。一段落したところでトウ渡しの儀をおこない直会《なおらい》に移る。

伊香郡余呉町 八戸の事例

八戸《やと》は余呉《よご》湖の北岸にある農業地域である。神社は八幡神社で、近接して薬師堂がある。

薬師堂では、毎年二月八日に「オトウ（御塔）」がある。当地ではこの行事のことを、対外的には「薬師さんのオコナイ」と言っている。二月七日が餅搗き、そして翌八日が本日で、上塔組が御幣《ごへい》を先頭にオカワの餅と続いて、薬師堂に入る。上塔組、受塔組、村の人たちで狭いお堂はいっぱいになる。まず余呉町川並《かわなみ》の正源《しょうげん》寺《じ》（曹洞宗）住職の大般若経《だいはんにゃきょう》転読がおこなわれお説教。終わると果物・菓子などの供え物を村の人たちに下げて、両組だけが残り対座する。まず上塔組より挨拶《あいさつ》があり、長さ一五センチぐらいの「タカラダマ（宝玉）」と呼ばれる円柱状のもので立てられた餅の表に五つ、裏に三つ、御幣に五つ、朱を捺《お》す。このあとカギや餅を受塔に渡し、トウ渡しは終了、あとは直会である。

オコナイの組が、前は三組であったこと、それ以前は、個人で御幣を受けていたことなどを記した薬師如来に関する規約には、立て餅が旧習であることも明記されている。

この二例が示すものは、明らかに古代の鏡と同義の

➡余呉町八戸の「立て餅」に捺されるタカラダマ（平成2年）

ものである。すなわち一点の曇りなき真白き鏡餅＝鏡なのであり、その清らかな表面を誇示するように、鏡餅を立てて供えるのである。加えて鏡餅の表面また前面に、ゴオー、タカラダマと呼ばれる呪具《じゅぐ》、牛玉宝印《ごおうほういん》が存在することを見過ごせない。

伊香郡西浅井町塩津中の事例

塩津中《しおつなか》は、畿内と北陸を結ぶ重要な道、塩津街道沿いに開けた集落である。塩津大川が南流し、その西岸に香取《かとり》神社がある。神事は毎年一月九日に執り行われてきたとされるが、変動することが多く、平成十七年の場合は、二月二十日（第三日曜日）に行なわれた。

神饌《しんせん》の鏡餅や餅は前日の夜、トウヤでこしらえるのが習わしであるが、最近では餅屋に頼む家も増えてきた。鏡餅は、神事の当日、トウヤによって神社へ運ばれ、本殿に神鏡とともに立てて供えられる。鏡餅は、表に鯛《たい》が一対、腹合わせに飾られている。以前は、トウヤがこの鏡餅を背負《せお》って運んだので、背負梯子《せおいばしご》でお鏡をはさみ込むような格好になっている。なお現在の鏡餅は小ぶりになっており、以前は、二倍近くあり、一人で背負うのは、結構、大変だったという。

二匹の塩鯛を腹合わせに結ぶ「掛鯛《かけだい》」の風習は、江戸時代から関西を中心に各地の祭礼や婚礼にみられ、これを歳神に供えたり、田植えの日や旧暦六月一日に食べると邪気が払われるといった。「にらみ鯛」と称して正月の膳に置き十日戎《とおかえびす》まで飾る風習も知られる。江戸時代以降に始まったお飾りとはいえ、あたかも鏡餅の表に牛玉宝印《ごおうほういん》や朱を捺《お》す行為、つまり魔除《まよ》け行為と共通するものである。

⬆西浅井町塩津中の鯛一対を載せた鏡餅（平成17年）

華麗な餅花・マユ玉・マイ玉

平成十八年（二〇〇六）の長浜城歴史博物館の特別展の際、現在は中止されている長浜市宮司《みやし》町にある日《ひ》枝《え》神社の餅花の復原展示をおこなった。宮司西町の協力を得て餅花作りを再現、博物館の展示室の入り口に飾りつけていただいたのである。これを見た来館者は一様にその巨大さ、純白の餅の神々《こうごう》しさに感動していたことを昨日のように思い出す。

木の枝に餅をつける

伊香郡全域、坂田郡の一部、そして長浜市の農村部では、オコナイに餅花を作る。餅花はマユ玉、マイ玉ともいい、桜や柳の木の枝に餅をくっつけてトウヤの家の中、拝殿などに飾る。餅の重みで枝がたれたようすが、今年も豊かな稲の実りを願う象徴、すなわち喜びを先取りして祝う、予《よ》祝《しゅく》行事といわれている。

またマユ玉という呼び名から、養蚕《ようさん》の豊作を祈って餅を蚕《かいこ》の繭《まゆ》に見立ててつけたとも言われている。ただし養蚕をしなかった地域でもマユ玉を作るところから、マユは米（マイ）の変化したものと考えるべきであろう。形状からいっても、繭形（団子形）の餅をつけるのではなく、くねくねと蛇がはうように、木の枝へ餅を巻きつけたものが多い。

高月町馬《ま》上《け》では、「バイ玉」と呼んでいる。バイとは、棒切れとか、枝を指す言葉である。餅はたれるぐらいがよいとされ、柔らかい餅を巻きつけて団扇《うちわ》であおいで固めて作る。社務所の中に三本の巨大なバイ玉を運び込み、きらびやかな飾りの下で酒宴《しゅえん》がおこなわれていた。以前は各戸でも正月飾りとして作って、台所の上がり口や、座敷の隅に飾っていた。これを十五日に下げて、小豆粥に入れて食べたという。

すでに見られなくなったが、伊香郡高月町東物部《ひがしものべ》では、マユ玉に大根で作った雀《すずめ》をぶら下げていた（15

⬇伊吹町伊吹の餅花

⬆[上2枚とも]高月町馬上のオコナイの「バイ玉」
[右]ケヤキに餅がからみついている
[左]枝を切るか折るかして持って帰る

頁写真参照)。

なんだか害鳥のような気がするが、豊作になって鳥がついばみきれないぐらい、稲が実るようにという願いであると聞いた。もちろん古代から鳥は穀霊神と意識されていたので、五穀豊穣を祈るオコナイに登場したとしても何ら不思議はない。

高度に儀式化した鏡開き

川道においては鏡餅を供えることは献鏡であり、重さ九〇キロ余りの鏡餅を若い衆が肩の上まで担ぎあげて中央の柱を一周し「一人前」の証明をおこなう。そのあとで一俵の鏡餅は開かれて(切られて)均等に組の成員に分けられる。

伊香郡西浅井町横波の事例

伊香郡西浅井町横波《よこなみ》では鏡開きのことを「御能様囃子」と書いて、「オトサンバヤシ」と読ませる。オトサンとはトウヤの鏡餅をさすが、鏡餅をオトサンと呼ぶ例は、島根半島北部のオコナイでもしばしばある。囃子《はやし》は伴奏というよりは栄《は》やす、つまり脇から誉《ほ》めそやす、引き立てるという意味である。

神事参加者の中から選ばれた二人の切り役はスーツにネク

⬆西浅井町横波の御能様囃子(平成18年)

←木之本町古橋の薬師堂に供えられた鏡餅［上］と、その鏡開きの手順［下、時計回り］

タイ、口には手ぬぐいを巻き、汗をかきながら懸命に寸分たがわず鏡餅を押し切るのである。この際、周りの参加者たちが、「しっかり切らなあかんぞ」、「腰が入っとらん」などと声をかける、つまり囃すのである。

伊香郡木之本町古橋の事例

伊香郡木之本町古橋《ふるはし》では、薬師如来に供えたお鏡を頭主の家に下げると、マゲ輪《わ》（円形の木製型枠のこと）からはずし、曲尺《かねじゃく》をあてて厳密に寸法を取りつつ墨をおとしていく。そのあと、針金を使って鏡餅を大割りにし、包丁で細分化し、お盆に載せて各戸に配る。このようにオコナイの仕上げというべき鏡餅を分ける行為は、極めて慎重に行われる。

鏡餅の一片を食べる

これに対し、湖北以外のオコナイの鏡開きは写真を撮る間もなく、あっけなく終わってしまっていることが多い。鏡餅が特別の意味を持つ食物であることはすでに述べたとおりである。付言すれば、手ぬぐいで人の息がかからぬよう慎重に寸分違わず開き、村の成員に均等に分けること、このことこそ、一人一人が神仏を紐帯として平等であること、その個人が集まって村を形成していくという、中世以来の惣の精神の継承された姿ではないだろうか。惣の発展とともに村の永続を願う重要な儀式、オコナイに村人の平等参加を促した供物の代表格は鏡餅といえる。

人々はお鏡の一片を口にすることにより、村の永続を感謝するとともに、生命力の充実を願いつつ来るべき春の重労働に備えたのである。湖北のオコナイが何よりも鏡餅を中心に遂行されるのも、村人自らの手によって種々の願いが、盛り込める方法であるからかもしれない。

この後、旧トウヤと新トウヤの間でトウ渡しが行われ、湖北のオコナイは継承されていくのである。

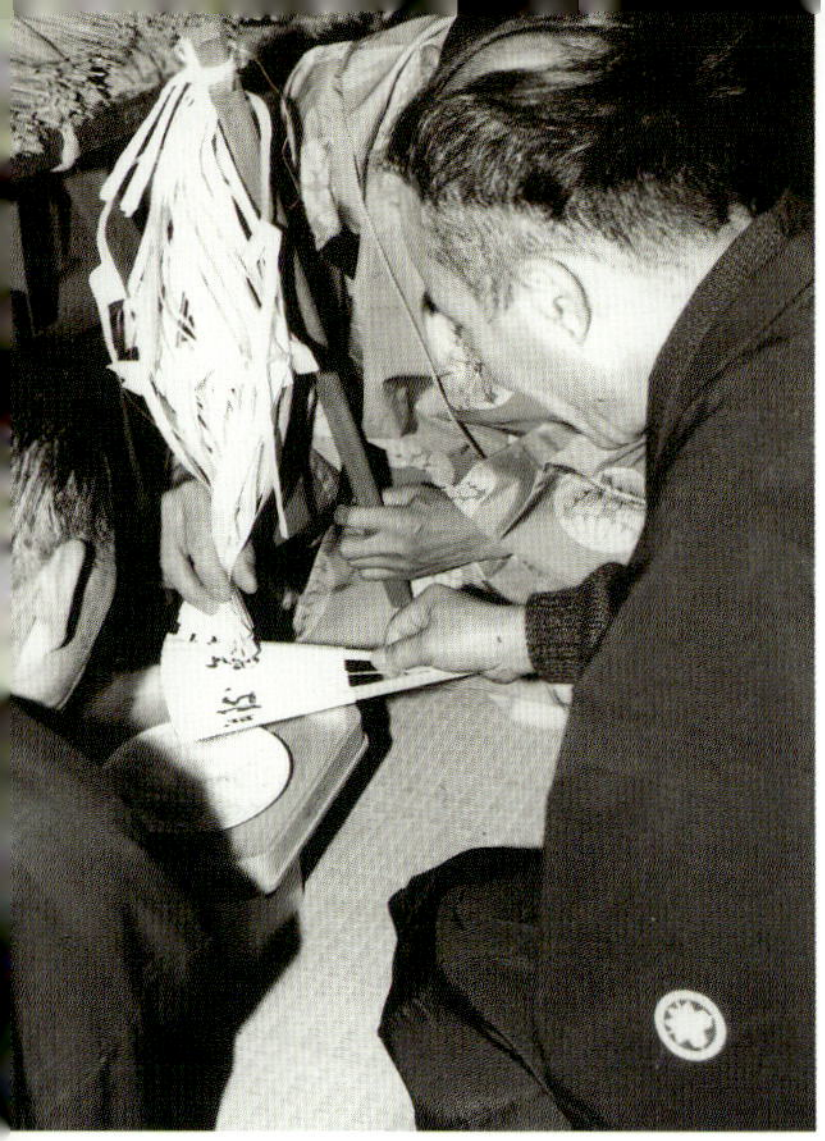

◀高月町磯野のトウヤのくじ（昭和61年）

トウヤ選びとトウ渡し

トウヤとは神社の祭りや講などに際し、神事や行事の世話をする人、またはその家を示す。トウヤの家を、オコナイの神仏をお守りする家という意味で「宿《やど》」ともいう。宿では床の間にオカワをかけたり、神号を吊し、御幣を飾ったりして一年間精進する。

神が選ぶトウヤ　トウヤ（宿）の決め方は、湖北地域の調査結果ではグラフに示したようにくじ引きの場合がおおよそ半数を占めた。

くじ引きとは、神主の御幣の先にくっついたくじを扇子《せんす》で受けて開く、玉《たま》くじと呼ばれる形が多い。伊香郡高月町磯野《いその》の場合も玉くじであったが、目の当たりにしてみると確かに御幣にくじが吸い取られるように上がっていく。このようすからトウヤは、神慮によって選ばれるという村の人の話に納得がいった。東浅井郡湖北町延勝寺《えんしょうじ》では、候補者が順番に洗米を大盛りにした盆を両手に

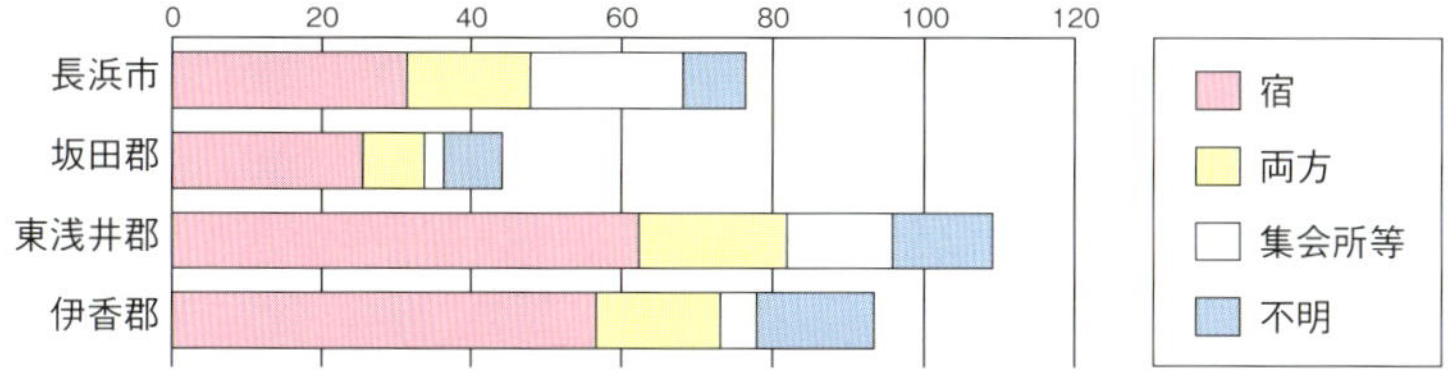

滋賀県湖北地域の郡別オコナイの宿の場所（平成13年10月現在）

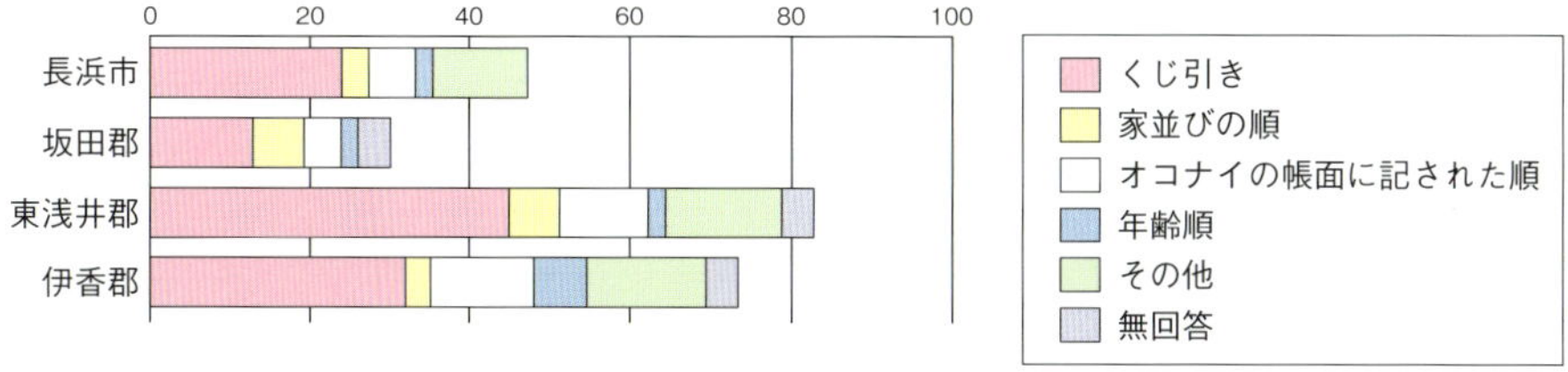

滋賀県湖北地域の郡別オコナイの宿の決め方（平成13年10月現在）

長浜城歴史博物館と長浜市市史編纂室がおこなった「平成13年度年中行事調査」のデータをもとに作成

➡東浅井郡湖北町延勝寺のトウヤのくじ
（湖北町食事文化研究会提供）

⬆左右とも高月町西野（平成20年）。［左］1年間無事務めて御頭（オカワの御神体）を掲げ、縁側から出る守頭
［右］守頭渡しの給仕は村の若者がおこなう。手前が盃事の際の肴

持ってゆすり、出てくるくじを拾う。

他は、家の並びの順やオコナイの帳面に記されている名前の順というところが何割かあり、調査結果の「その他」には、木之本町浄信寺《じょうしんじ》のように僧がトウヤを指名する場合などが含まれるのだろう。

トウヤの象徴オカワ　先と同じ調査で、旧トウヤと選ばれた新トウヤの間でおこなわれる引き継ぎ儀式（トウ渡し）の有無を尋ねたところ、グラフは示さないが伊香郡・東浅井郡では半数余りが「有（あり）」と回答していた。

旧トウヤから新トウヤから受け継がれる目に見える物体として、オカワ、もしくはオカワに注連縄《しめなわ》を組み合わせた御神体を用いる例が高月町などではみられる。オカワとは木の輪に藁《わら》を編んで巻いた鏡餅の型、つまり鏡餅づくりには欠くことのできないものである。宿ではトウヤのシンボルとしてこれを家の梁《はり》などにかけて一年間まつり、新トウヤに引き継ぐのある。

トウ渡しには厳格な盃事《さかずきごと》がともない、トウヤを守《もろ》頭《と》と呼ぶ高月町西野の例のように、大根や昆布に細工を施した独特の肴《さかな》が登場することもある。給仕役は若者がおこなっていた。こうして次世代へオコナイが伝えられていく。

第三章 川道のオコナイ

オコナイの聖地「川道」

東浅井郡びわ町川道（現長浜市川道町）、私にとってこの地名は格別のものがある。なぜならそこは「オコナイの聖地」であったから。先に述べたとおり、オコナイ調査を重ねるほどありとあらゆる村で、全国の曳山が祇園祭に端を求めるがごとく、川道のオコナイはその起源であるかのように喧伝《けんでん》されていたからである。

ところが、その内容は「一俵の餅を七つも供える」「献鏡屋台が社参する際、村の駐在を川にはめた」「オコナイの席では凄まじい量の酒が飲まれる」「行事の内容は他見を許さず、以前、取材を許可したら鏡餅が流れ出して座敷中に溢れだした」などなど、「正体不明の聖地」でもあった。

それも無理はない。オコナイとは元来、「自分の村」の五穀豊穣、村内安全を祈願しておこなわれる局所限定された祭なのである。つまり隣村がどのようなオコナイをやっていようが本来、興味の埒外《らちがい》なことで、わざわざ足を運んで他村のオコナイ見物に行くなどとはありえないことなのである。噂が一人歩きしても当然である。

いわんや他地域の人たちが、二月、厳寒、積雪の湖北の村にわざわざ足を踏み入れるモノ好きは、多くはなかったのである。今でこそ、オコナイにカメラマンの姿が見られるようになったが、平成に入るまでは、一部の調査者を除いて皆無であった。

その一部が私であることは間違いない。城の形をした博物館でオコナイの展示をするための取材など、当時は、理解の範疇《はんちゅう》を超えるものであったろう。しかし湖北の人たちはそんな私を快く受け入れてくれた。それは自らが日常生活のなかで営々と伝えてきたオコナイ、生活と一体化した文化が、客観的評価を受けるという意外性ではなかったかと思う。

さて川道のオコナイ調査は、従来の「飛び込み」ではない。献酒を手に長浜城歴史博物館館長ともども区長事務所へお邪魔して、七つのオコナイ組の中から西村を紹介いただいた。そして、平成二十二年（二〇一〇）、先

⬆南から川道の集落を望む。中央の木々が密集している所がオコナイの舞台となる川道神社

➡⬇水量が豊富な集落を流れる川岸では、オコナイの表に出ない女性にとっては日常と変わりがない。

の調査からすでに二十年以上の月日が経過しているが、今回は東庄司での取材を許可いただいた。本書では、川道のオコナイの詳細を平成二十二年の東庄司《ひがししょうじ》の行事を中心に紹介することとした。

←川道の周辺（旧東浅井郡びわ町）地図
緑色の枠で示したのが、旧びわ町の大字だった地区

川道の歴史

オコナイの期間に子供たちが鉦《かね》・太鼓を鳴らしながら歩き回る際の「エーモトホホーヨ」（湖岸まで稲穂よ実れ）という掛け声のとおり、川道は姉川左岸にあり、南は琵琶湖に面している。高台は姉川堤防があるだけで、その南に広がる平地を、地元では「畑千反《せんたん》、田千反《せんだん》」と言い習わしてきた。

足利尊氏が商売を保証

平安時代中期の辞書「和名抄《わみょうしょう》」には、郷名として「川道」が記され、中世には荘園化して「河道庄」となる。これは、西の南《みなみ》浜《はま》と大浜《おおはま》あたり、「河道浜」の名で記録されている港を含み、物資の行き交う湖上の中継地として商人も現れた。

「川道観音」の名で知られる千《せん》手院《じゅいん》に伝わる文書の中には、文《ぶん》和《な》三年（一三五四）、河道庄の住人に足利尊氏《あしかがたかうじ》が四八種の商売物の独占を保証した「足利尊氏袖判下文《そではんくだしぶみ》」がある。

浅井郡総代として水害と戦う

江戸時代初期、現在の川道は南浜・大浜に対する意味で「東河道村」と記され、慶長七年（一六〇二）の石高は一七〇八石と高い生産量を示している。古くから養蚕も盛んであった。当時の戸数は三〇六戸、そのうち本百姓二四八戸を数え、諸職では造酒屋七人、屋大工一二人が目立つ。旱害はなかったが「込水《こみみず》」、すなわち水害の被害は頻繁であった。特に元文三年（一七三八）は甚大な被害を受けたにも関わらず、年貢が定免《じょうめん》（豊凶に関係ない一定の徴収）とされたため飢える者が続出した。

間もなく、琵琶湖の水位上昇による水害を避けるため、高島郡深溝《ふかみぞ》村の庄屋、藤本太郎兵衛《ふじもとたろうべえ》を中心に湖辺農民は、瀬田川の通水量を増やす川浚《かわざら》え（浚渫《しゅんせつ》工事）を行うよう幕府や藩に訴える。川道村の庄屋だった橋本清蔵《はしもとせいぞう》（一七四〇〜一八二三）は、浅井郡総代としてこれに関わった。藤本太郎兵衛らが江戸へ行く費用などに一七一両余りを立て替え、自らも十年以上かけて湖辺

←昭和2年、県下初の鉄筋校舎工事中の大郷村尋常高等小学校（現びわ南小学校）（びわ町発行『びわ昔日の面影と変遷』より）

の村々の説得に回り、天明二年（一七八二）に一七七カ村の同意を得て京都町奉行所に川浚えを願い出た「許可が出ても、工事が途中で中止になる事態などが続き、水害防止に効果のある瀬田川の浚渫が幕府によっておこなわれたのは、天保二年（一八三一）のことである」。

養蚕・製糸による繁栄

一方、宝暦二年（一七五二）頃、川道の北隣にある難波《なんば》では、中《なか》村林助《むらりんすけ》と乾庄九郎《いぬいしょうくろう》が丹後《たんご》（京都府北部）から技術者を招いて縮《ちり》緬《めん》織りをこの地に普及させた。

明治初期に作成された『滋賀県物産誌』を見ると、川道村は戸数二七〇軒、人口九六二人、米作・畑作に従事するかたわらほぼ全戸が養蚕・製糸、一部が蚕種紙《さんしゅし》製造をおこない、長浜へ販売する他、丹波・丹後まで行商に行く者もあった。生糸の生産高は三八〇貫で一万一九一六円、絹縮《きぬちぢみ》七〇〇〇反で二四五〇〇円の生産高をあげている。

明治二十二年（一八八九）、近隣一〇カ村の合併により南富村《みなとみ》（翌年、大郷村《おおさと》に改称）が誕生し、村役場が置かれた。明治四十一年（一九〇八）、村内に四校あった尋常小学校を統合した大郷尋常高等小学校は、本校を川道に置いた（現在のびわ南小学校）。

養蚕業で農家は潤《うるお》い、大正三年（一九一四）度におこなわれた農家経済収支調で、大郷村は東浅井郡内で富裕な村として調査対象になった。大郷村の養蚕農家の収繭量《しゅうけんりょう》合計は、昭和元年（一九二六）に六万五四九四貫（約二四・五トン）と最大を記録した。村の経済力は、小学校校舎の改築で発揮されている。昭和二年に竣工《しゅんこう》した小学校新校舎は、滋賀県下初の鉄筋コンクリート造二階建てで、他校からも先生や生徒の見学があいついだという。小学校は大正十二年にグランドピアノを購入、後の昭和二十年代に合唱コンクールで滋賀県代表となる素地をつくった。旧来の伝統を墨守《ぼくしゅ》するばかりでなく、新たな産業や文化を取り入れる気性も持ち合わせた地域だったといえよう。

⬆川道神社拝殿

おこない
スポット

川道神社《かわみち》

天照皇大神《あまてらすすめおおかみ》・豊受大神《とようけのおおかみ》・大物主命《おおものぬしのみこと》・大山咋命《おおやまくいのみこと》を祭神とする旧郷社。境内社に、若一王子《ないこうじ》神社・稲荷社・忠魂社がある。「延喜式」神名帳にある浅井郡「上許《カミコ》曾《ソ》神社」に比定され、和銅年間（八世紀初頭）の創建と伝わる。江戸時代には、神明社《しんめいしゃ》と青龍寺《せいりゅうじ》（＝千手院）の鎮守である八王子社《はちおうじしゃ》に分かれていたが、明治三年（一八七〇）に両社を合わせて川道神社となる。

延元《えんげん》年中に足利尊氏が戦勝を祈願して武器を寄進している。永正《えいしょう》年間には浅井《あざい》氏の崇敬を受け、神領を寄進されている。浅井亮政《すけまさ》（長政《ながまさ》の祖父）らが永正七年（一五一〇）に寄進した喚鐘《かんしょう》（開始などを報じる小型の梵鐘《ぼんしょう》）が伝わる。

千手院《せんじゅいん》（川道観音《かんのん》）

南隣の尊住院《そんじゅういん》とともに真言宗豊山派《しんごんしゅうぶざんは》の寺院。康正《こうしょう》二年（一四五六）永澄の開基と伝わる。もとは青龍寺といい、古くから「川道観音」の名で親しまれた。

本堂（観音堂）に安置されている本尊の木造十一面千手観世音菩薩《かんぜおんぼさつ》立像は、平安時代の作とされ、国指定重要文化財。秘仏のため、御開帳は三三年に一度で、その代わりの「御代仏《みだいぶつ》」開帳法要が毎年十一月におこなわれ、参詣者で賑わう。

この本尊には、次のような伝説がある。昔、伊香郡杉野村に悪い病気が流行《はや》り、お祀りしていた観音像に祈願しても効果がないことに怒った村人は、大水の時に川に観音像を流してしまった。川道でも洪水にみまわれた数日後、村はずれの淵で藤三郎という漁師が観音像を見つけ、背負って持ち帰った。川道の人々は喜んで、お堂を建てて本尊として祀った。観音像が流れ着いた場所には、「佛《ほとけ》ケ《が》淵《ふち》」という小字名がついている。

⬆千手院本堂（観音堂）

JA 北びわこ
大郷
野寺橋
（車道）
（歩道）
姉川
特別養護老人ホーム
青芳
老人保健施設
琵琶
駐在所
理容店
鉄工所
電機店
建具店
西村
紡績会社
東雲寺
中村
川道六地蔵
空念寺
明願寺
仕出し・料理店
覚円寺
東村
酒店
上三村
川原村
下四村
川道生産組合倉庫
川道自治会事務所
建材店
製菓店
表具店
取材時（平成 22 年）、各組の当番宅
下村
酒店
東庄司村
85ページ地図の範囲
千手院
川道神社
食料品店
鈑金店
藤ノ木村
光輪寺
尊住院
薬局
びわ郵便局
医院
電機店
呉服店
川道

オコナイ組と日程の変化

大郷村は、昭和三十一年（一九五六）に北隣の竹生《ちくぶ》村と合併、びわ村が誕生した。昭和四十六年（一九七一）、町制を施行し、びわ町となる。そして、平成十八年（二〇〇六）二月、びわ町が長浜市と合併したことにより、長浜市川道町となった。

現在の世帯数は約二六〇戸、人口一〇二〇人（先にみた明治初期の状態とほぼ同じ）で、五〇戸前後が多い旧びわ町域の自治会では最大である。自治会内には、隣近所十数軒ごとのいわゆる隣組があるが回覧板を回す役割ぐらいしかなく、川掃除《そうじ》など自治会行事のほとんどは、オコナイ組（村もしくは庄司《しょうじ》とも呼ばれる）を単位に実施され続けている。

これが、中村・東村・西村・川原村・東庄司村・下村・藤ノ木村の七組で、おおよそ集落を東西に走る道を境界として北を「上三村《かみみむら》」（中村・東村・西村）、南を「下四村《しもよむら》」（川原村・東庄司村・下村・藤ノ木村）と総称することもある。

組を分ける明確な境界はなく、事情があって他の組内に移転した場合でも元の組に参加し続けるため、組ごとの戸数にもばらつきがある。

享保九年（一七二四）の「江州《ごうしゅう》浅井郡川道村諸色明細帳《しょしきめいさいちょう》」に「惣鎮守八王子祭礼二月朔日川道内小割七村頭人七組鏡餅供申候右拾四人百姓之内一村ニ弐人宛巡番ニ致シ…」とあり、寛政年間（一七八九〜一八〇〇）に千手院が作成した明細帳には、「鎮守祭礼毎年二月朔日川道村ノ内村内七組ノ頭人宝前ニ鏡餅供申候右頭人ハ村中巡番ニテ相勤メ申候」とある。また、大正十五年（一九二六）に川道神社が作成した文書の中の「恒例神事祭之次第」では、江戸時代に川道のオコナイは、千手院の千手観音の前でおこなわれていたと記されている。

これが明治維新後は、神社主体の行事となり、旧暦二月朔日《さくじつ》（一日）であった本日《ほんび》は新暦の三月一日に改められた。

次ページの表のとおり、従来は二月二十日からほぼ毎日何らかの諸行事がある形だったが、昭和三十六年（一九六一）以降、何度か日程などの改革がおこなわれ、現在に至っている。

川道のオコナイ日程表

昭和36年（1961）の改革以前

月日	祭典と諸行事	時間
2月16日	伊勢講	神社宮司が巡回
2月17日	潔斎［当屋2軒と親戚6軒］	
2月20日	煤払い。藁仕事	
2月23日	臼洗い	
2月24日	米かし	
2月24日～28日	鉦回り	
2月25日	米あげ	
2月26日	粉ひき	
2月27日	鏡搗き	早朝
2月28日	宵宮	午後～
	献鏡	午前0時～（3月1日）
3月1日	本膳	午前9時～
	一、当番の盃	
	二、元服の盃	
	三、烏帽子の盃	
	四、当の渡し	
	花嫁茶	
	撤鏡（鏡下げ）	
	鏡餅担ぎ	
	鏡割り・籤による分配	
	大祭［総代と宮世話のみ出席］	午前10時～
3月2日	神楽・湯の花奉奏	
	しまい行事	
	けあげ（慰労会）	

平成22年（2010）

月日	祭典と諸行事	時間
2月14日(日)	道具出し	午後1時～
2月20日(土)	オコナイ寄り	午後7時30分～
2月21日(日)	藁仕事	午前8時～
	米かし	午後3時～
	伊勢講［㊎・㊏・㊐のいずれかに調整］	神社宮司が巡回
2月24日(水)	床飾り	年番　午後7時～
2月25日(木)	餅搗き	年番　午後2時～
		親戚　午後3時～
		若衆　午後5時～
		―　午後8時～
2月27日(土)	子供膳・鉦回り	子供　正午～
	宵宮	年番　午前10時～
		親戚　午後2時～
		若衆・―　午後5時～
	献鏡	午後8時～
2月28日(日)［3月1日に近い日曜］		親戚　午前8時～
	本膳	午前10時～
	花嫁茶	
	神社集合	
	鏡下げ	午後4時～
3月1日(月)	大祭［総代と宮世話のみ出席］	午前10時～
3月2日(火)	神楽・湯の花	

藁仕事

[左上]鏡餅の注連縄[右]鏡餅整形に使用する藁ぼうき　[左下]その使用法

二月八日、川道神社の宮世話会《みやぜわ》で本年のオコナイに関する詳細が決まると、東庄司では十四日に年番、年寄によって惣蔵《そうくら》から道具出しが行われ、二十日にはオコナイ寄りが招集された。

翌日には惣蔵で二日番《ふつかばん》が中心となって献《けん》鏡《きょう》のための役物を作る藁仕事が行われた。

役物とは、献鏡のためのサンダワラ、藁《わら》人形などのカボや鏡餅の大注連縄《おおしめなわ》のことで、これらを藁でなうのが藁仕事である。献鏡行列に使用する足半《あしなか》は事前に準備されている。この日、同時に灯籠《とうろう》の紙の張り替え、新しい図案の作成などを主に若い衆があたる。

二軒の当番（トウヤのこと）は「一日番《ついたちばん》」「二日番《ふつかばん》」といい、前者は餅搗き、宵宮《よいみや》、本膳などを行う中心的存在であり、後者はそれを補助する存在である。現在は一軒だけの組もある。オコナイの進行役として重要な役割をもつ年番《ねんばん》は「年番見習い」「正年番」と、祠堂《しどう》二名の計四名で構成され、年ごとに一名ずつ交替するが、オコナイの総指揮をとるほか、村の諸行事に関わり指導的立場になる。

⬆➡カボは「火防」をさし、十文字にくくった竹の左右にサンダワラ、藁人形などを吊り、献鏡の際、提灯から出火した場合にたたき消す消火用具である。藁人形は雌雄一対で、雌の股間にはカラス貝の貝殻を、雄の股間には赤トウガラシをつける

⬅カボをつくる若い衆
[左]昭和六十一年・西村
[右]平成二十二年・東庄司

➡献鏡屋台

米をかす

⬆以前は、オコナイの時期になると池（井戸のこと）の所有者に使わせてほしいと頼んでから注連縄を張って清めた水を使った。70年ほど前までは、伊勢音頭を歌いながら黒米からかした

藁仕事を行う日には、本年最初の伊勢講をおこない、その後、四斗《と》（＝一俵）の糯米《もちごめ》を、注連縄が張られた水道の水で米をかす。半纏《はんてん》を着た当番に近い親戚および四名の年寄が一《つい》日番《たちばん》の前庭で一俵の米をかし水につけておく。かつては「川道餅」という糯米の品種があり、三年前から穂選びをして村の良田で栽培して鏡つきに備えたという。

⬇現在は水道の蛇口に注連縄を張って清めている

➡雪の中での米かしのようす
（昭和61年･西村）

⬆鏡搗きを待つ糯米。奥には蒸し方が見える。大切な米を扱う蒸し方は手ぬぐいで口を覆う

蒸す

←午後5時30分になると蒸し方の「これから蒸し始めさせてもらいます」の挨拶で蒸し始まる。ひとつのセイロに6升ずつ正確に計量する蒸し方

二月二十五日、お鏡搗きの日である。以前は、二十七日の朝からお鏡搗きを行い、前夜、七時から九時三十分ぐらいを粉ひきにあてていた。

十四時に年番が惣蔵に入りお鏡搗きの準備を始める。

十五時には、当番宅に「鏡搗きをおこなわせてもらいます」と挨拶をして惣蔵にやってくるがこの時、当番宅では、梅干し茶で接待する。

蒸方《むしかた》や親戚がやってきて、釜で湯を沸かしはじめ、若い衆も臼を清め始める。貼り出された巻き紙には、水汲《みずくみ》、蒸方、臼方《うすかた》、揉方《もみかた》、輪方《わかた》、粉方《こなかた》、洗方《あらいかた》と鏡搗きの役割が記されている。蒸方は糯米を蒸す、臼方はゲス板の上に餅を流し込む、揉方は餅を揉みほぐす、という分担でかつてはほとんどが若い衆の役目だった。

臼方は臼に餅取り粉をふる役目で、若い衆の最年長者が担当していたが、現在は臼方の流した餅を鏡枠のなかにはめこむという重要な役目の輪方とともに、臼方も経験者があたる。

蒸方の作業進行

蒸し時間の目安　切り返し　前20分
後10分

3時30分	計量（62杯）
4時30分	湯を上げる
4時40分	計量1回目（6升×4蒸籠）
5時20分	美濃紙を釜にかざる
5時30分	蒸し始め（挨拶） 「これから蒸し始めさせてもらいます。」
5時50分	切り返し（挨拶） 「これから切り返させてもらいます。」
6時5分	蒸し上がり（挨拶）
6時25分	2回目蒸し始め…注水、少し火を弱める（5升×4蒸籠）
6時50分	切り返し
7時	蒸し上がり
7時10分	3回目蒸し始め（5升×3蒸籠）
7時25分	切り返し
7時40分	蒸し上がり
7時45分	末社鏡蒸し始め
8時5分	おっしゃんしゃん
8時10分	末社鏡上げる

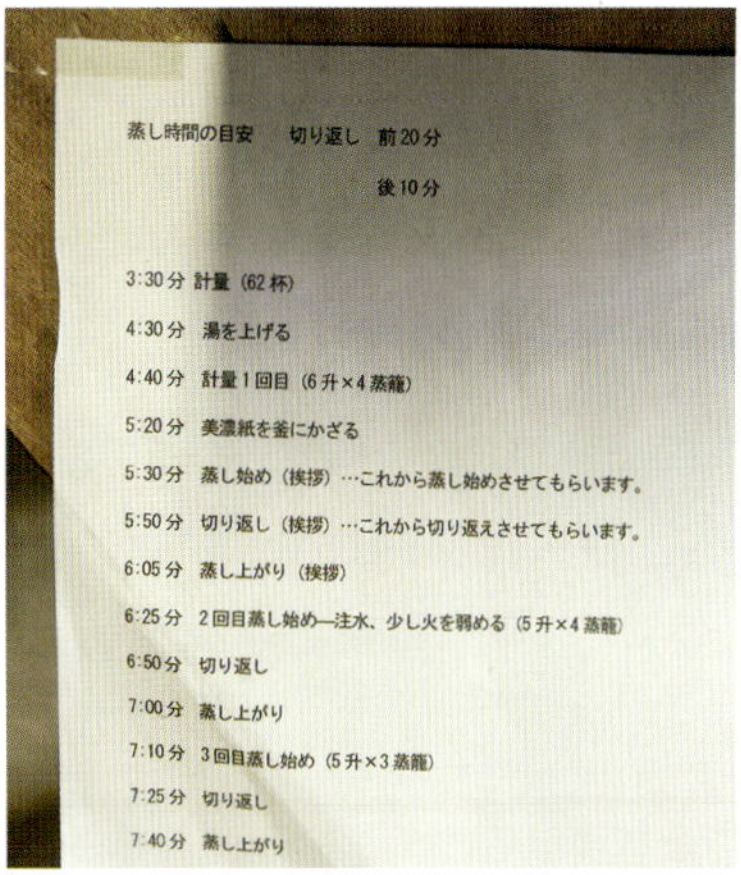
蒸し時間の目安　切り返し　前20分
後10分
3:30分 計量 (62杯)
4:30分 湯を上げる
4:40分 計量1回目 (6升×4蒸籠)
5:20分 美濃紙を釜にかざる
5:30分 蒸し始め (挨拶) …これから蒸し始めさせてもらいます。
5:50分 切り返し (挨拶) …これから切り返えさせてもらいます。
6:05分 蒸し上がり (挨拶)
6:25分 2回目蒸し始め—注水、少し火を弱める (5升×4蒸籠)
6:50分 切り返し
7:00分 蒸し上がり
7:10分 3回目蒸し始め (5升×3蒸籠)
7:25分 切り返し
7:40分 蒸し上がり

↑壁に貼られていた蒸方の作業進行（左に表を作成）。5分、10分刻みで、細かく決められている

↑大釜には美濃紙を巻き、注連縄が張られ、御幣が吊られる

←蒸し始めから20分経過すると、蒸籠の上下の位置を変える「切り返し」が行われる。「これから切り返させてもらいます」の声で、蒸しむらのないよう蒸籠の位置を逆にする

⬆平成22年、東庄司の惣蔵で大釜に備え付けられた4段の蒸籠

⬅次ページは、鏡餅完成までの道具類一式

⬆昭和61年·西村の当番の庭にて。

筵《むしろ》を敷き詰めてかまどを据え、その上部には葦簀《よしず》と菰《こも》を二重に張り、天井に塗ってあるベンガラが落ちて混入しないように配慮している。

注連縄を張り、御幣を吊ったそのようすは聖域の結界を示す天蓋としての役割を果たしているように見える。

⬅お鏡搗きが始まる前、当番宅へ挨拶に出向いた人に出される梅干し茶

搗く

⬆湯気を立てる糯米を蒸籠から臼に移す

十八時を過ぎた頃、最初の糯米が蒸しあがる。餅搗き用の臼三基の他に、搗いた餅をあわせる「待ち臼」、お鏡を据《す》える「飾り臼」が用意されている。

蒸しあがった糯米は臼に移され、ゴク潰しといわれる粗《あら》搗きをおこない、その後さらに、二人が押す、引くの要領で搗くことによって餅に粘《ねば》りが出てくる。途中、臼持ちの二人が臼を少しずつ回して搗きむらがないようにする。搗き終わったところで待ち臼に移す。蒸《せい》籠《ろ》二杯が一臼であるから二臼分、つまり蒸籠四杯分が待ち臼に入れられたことになる。

一回目の餅搗きが終わると、一つの臼を逆さにして口をあわせ、冷めないように蓋《ふた》をする。

最初は六升四蒸籠、二回目、三回目が各五升ずつ三蒸籠分蒸しあがり、同様の作業が繰り返される。そして最後に末社用のお鏡を搗き終える。時刻は二十一時を回っていた。

⬆二人が杵を持って押す、引くという作業で餅を搗く。蒸しあがった糯米は3臼に分けて搗き、3度繰り返される

輪伏せ

⬆こぶしを使って練るような動作が繰り返される

⬆別室では、輪方によって、搗き上がった餅を鏡枠で固定する輪伏せの準備が進む。[右]飾り臼の上に台を置き、[上]その上にゲス板を載せる

⬅ゲス板。中央のふくらみの上に餅がかぶさり、鏡餅の内部が空洞となる

⬆ゲス板などに白い餅取り粉をふりかける。ゲス板は、表面を餅取り粉が万遍なく覆い真っ白になる

⬆鏡枠を組み立て、餅と接する内側に餅取り粉をふりかける

⬆搗き終えた餅は待ち臼にまとめ、冷めないように蓋をする

⬆すべての糯米が搗きあがり、待ち臼にまとめると、いよいよお鏡作りに進む。準備されたゲス板を前に緊張感がみなぎる

⬆臼の胴に回したロープの両側を握った二人が、臼を持ち上げてゲス板の真上まで運ぶ

⬇合図とともに、一気に臼をひっくり返し、餅を落とす

粘っこい餅が凸状の台の上に流れ出て、輪の中に餅が一杯になったと思われる瞬間、皆で一斉に流れ出ぬよう抑え込む

輪方が登場し、鏡枠を持ちあげ、あふれる餅を抑え込む若い衆の上から覆いかぶさるように、差出して伏せる

⬆鏡枠の中におさまったお鏡の表面を藁箒で掃き清める

⬆木枠を乗せ、その上に2本の杵を交差させて重しとする

⬆若い衆が中心となって完成したお鏡を前に、惣蔵内には「オーシャン シャンノ シャンノコセー」の掛け声がこだまする

五時間におよぶお鏡搗きが終わるとお鏡を前に全員で「オーシャン　シャンノ　シャンノコセー」の掛け声とともに手締めをしてお鏡の完成を祝う。

出来上がったお鏡は、杵《きね》を重石《おもし》にして、当番宅に移され座敷に運び込まれると、そのまま屏風《びょうぶ》で囲われる。

川道の七つの庄司でもこの日、お鏡作りが行われたが、蒸す、搗くすべての作業を従来どおりに行っているのは東庄司だけとなり、電気餅搗き機を部分的に使ったり、業者への委託など形態は様変わりしてきた。それでも川道の人々の一俵鏡へのこだわりと湖北一のオコナイを自負する気持ちは変わっていない。

惣蔵点描

二月二十五日　鏡搗き当日

9時　道具が出そろい、水道には注連縄が張られ、道具棚の準備も整った

12時　献鏡行列の際に登場する大太鼓の準備

⬆鏡搗きの道具が静かに出番を待つ

15時　蒸方が準備を始める

17時　鏡搗きが始まり、次第に熱気を帯びる

⬆糯米を蒸した蒸籠

⬆屋外では使用された杵や臼などが順次手際よく洗い清められる。蔵の中の熱気とは裏腹に寒風の中作業が続く

⬆糯米を計量する升、それぞれ新調された年月が明記されている

⬆屋外での臼の洗浄、親戚の人が担当

⬆「文久四年」と明記された杵もあり、歴史が感じられる道具類である

22時　出来上がったお鏡が当番宅に移される

⬆搗き終えると、皆がヘラなどで臼の中をこそぎ落としてから、屋外で洗浄される

⬆➡当番宅の座敷にすえられたお鏡は、周囲を屏風で囲い、見ることができないようにする。写真右は、撮影用に前を開けてもらったもの

出来具合

お鏡搗きが終わると、屏風で囲われたお鏡の前に、若い衆が並び、鏡搗きに携わった人々も順次当番宅に集まってきて、皆がそろうと、当番が、お鏡が無事でき上がったことへの感謝を若い衆に述べる。今年若い衆入りした前髪が、酌に回り、若い衆頭の一拍手の後にお神酒を飲みほす。

51ページの日程表にはないが、翌二十六日の夕刻、当番宅に飾られたお鏡の出来具合を若い衆が確認にやってくる。お鏡枠を一度はずし、周囲をきれいに整え、再び鏡枠を元に戻す。暖冬が多い近年は餅が固まりにくく、扇風機で周囲を冷やす工夫もされている。

⬆⬅勤め帰りや学校帰りにやって来た若い衆が、屏風や杵をいったん取り去り、お鏡の出来具合を確認する

⬇[右]藁箒で表面をはき、[左]白い粉を集めて取り除く

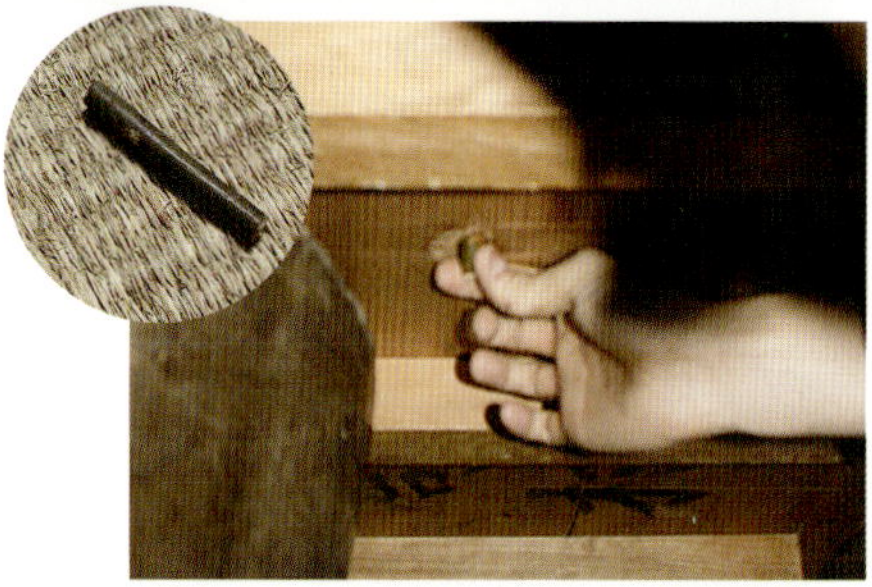

⬆[右]鏡枠の外側にはみ出た餅を包丁で取り除く
[左]お鏡の台にゲス板を固定していた棒を抜く

⬅この年は餅の固まりがにぶいようだったので、扇風機で風を当てることにした。この後、お鏡は再び屏風で囲われる

鉦回り

⬆下村のトウヤの横を鉦回りの子供たちが通る

二月二十七日、宵宮。

昼前には当番宅で「子供膳」が行われる。カレーライス、唐揚げ、サラダなど現代風の膳である。

食べ終わると、各庄司の子供を誘い、一団となって川道神社へ向かう。「エーモト、ホウホウヨー」と唱え言をしながら鉦《かね》、太鼓《たいこ》を打ち鳴らして進む。これを「子供の鉦回り」という。この唱え言の意味は、「枝の元まで穂が実れ、江の元（湖岸）まで稲が実れ」だとする解釈があるが、いずれにしても豊年を祈る意味である。川道神社参詣後、各庄司に戻って、菓子などをもらって帰宅。

かつては、オコナイ当日まで五日間ぐらい毎日続き、各庄司を誘いあって回り、参詣後には同様に各庄司に送り届けることで、子供たちが町内の地理を知り、住民との融和がはかれることが目的でもあったという。また地元民も子供の顔を見知りできるという場でもあった。近年子供の数の減少で女子の参加も認められている。

↑当番宅での子供膳

↑それぞれの名前が記される鉦。かつては各戸の所有物であったが、現在は東庄司で保管している

↑公民館に集合する子供たち

↑女子も参加する鉦回り

↑子供膳の世話をする年番と年番見習い

↑お鏡は屏風に囲まれたまま

宵宮準備

二十七日十四時。年番、親戚、年寄などが集まり、宵宮膳の準備が始まる。オコナイの作業はすべて男性が進める。座敷にビニールシートが敷かれ、ここで食材の仕込みが始まる。

同じ頃、若い衆が当番宅に集合して鏡枠をはずし、藁箒《わらぼうき》などを使ってお鏡の周囲を整え、化粧板を置き、油紙でお鏡をおおい、その上に注連縄を飾り御幣《ごへい》を吊るす。注連縄の先をピンとするような細かい配慮をおこたらない。

献鏡屋台《やたい》の組み立ても始まり、提灯《ちょうちん》を飾る。東庄司では宵宮膳の途中で屋台の準備をするが、宵宮膳の前にすでに屋台の準備を終えている庄司もある。

⬆宵宮膳の仕込み作業、すべて男性の仕事である

⬆注連縄の先まで注意深く、きれいさを演出する

⬆鏡枠がはずされ、真っ白なお鏡が現れる

⬆渋紙でくるみ注連縄をかけたお鏡

⬆自家製の藁箒で表面の粉を掃う

⬆注連縄に御幣をつるす

⬆交差に立てた杵の前に板が置かれる

⬆屋台に提灯がつけられ準備完了

⬆屋台につける提灯の準備

東庄司村

東村
年番
東村
年番
東村

西村
西村
西村

中村

下村

藤ノ木村

メモ

鏡餅をどうやって運ぶ？

湖北のオコナイを見ていると鏡餅の色んな運び方があることに気づく。

屋台（神輿）型

川道では、献鏡屋台と言って屋台の上に鏡餅を載せて運ぶ。これほど大人数ではないが、伊香郡木之本町古橋《ふるはし》や長浜市八条《はちじょう》町なども賑やかに担いで運ぶ。

背負い型

文字通り背中に注連縄で背負って運ぶやり方である。代表的なのは伊香郡高月町馬上《まけ》の鏡負い。大きな餅は筵《むしろ》に覆われて隠れて見えない。東浅井郡浅井町高山《たかやま》では円柱形のお鏡を注連縄で背負って運ぶ。背負いタイプは神社の急な石段でも安全に運べる。坂田郡山東町志賀谷《しがや》、伊香郡西浅井町集福寺《しゅうふくじ》も同様である。

以上は大型の鏡餅を運ぶ場合に使われる運搬法である。それに対して小さな鏡餅は、三宝《さんぼう》に載せ、榊《さかき》をくわえたりして吐く息がかからないよう運ぶ。鏡餅の大きさ、息がかからない方法、急な坂道を運ぶなど村それぞれの運び方がある。

➡伊香郡西浅井町集福寺の餅負い（平成十八年）

宵宮膳

⬆献鏡前の宵宮膳は若い衆の士気を高めようと、年寄りなどが太鼓をたたきにぎやかに宴を盛り上げる

⬆宵宮膳で酌をする当番宅の子女

十七時。若い衆、一般の人が集まり、宵宮膳が始まる。太鼓を出し、お囃子《はやし》にあわせての宴席が盛り上がるが、この時、当番の子女が酌《しゃく》をしに出てくる。女性の参加がほとんど見られないオコナイにおいて唯一女性が表に出てくる場面である。おそらく、地域の若者への顔見世の場とされているのであろう。

十九時三十分を過ぎると一旦宴《うたげ》が中断し、若い衆はカンバンと呼ばれる祭り半纏《ばんてん》に着替えて、屋台頭《がしら》の指揮のもと、お鏡餅の下に化粧台を差し込み、半紙をあてひもを通す。提灯枠をお鏡餅にかぶせ全体をビニールでおおい、お鏡を屋台に設置すると、再び腰を据えて宴は佳境に入る。

お鏡が供えられる鏡台は、各庄司から事前に神社に運び込まれ、指定位置に設置され献鏡を待つ。

⬆下村では、すでにお鏡に注連縄がかかる

⬆宵宮膳の名脇役の太鼓と替え歌の歌詞

⬆19時過ぎになると若い衆はカンバン（祭り半纏）に着替え、紙をあてたお鏡を縛り、神輿の準備をする

⬆準備が終わると再びにぎやかな宴が再開し酒が酌み交わされる

献鏡

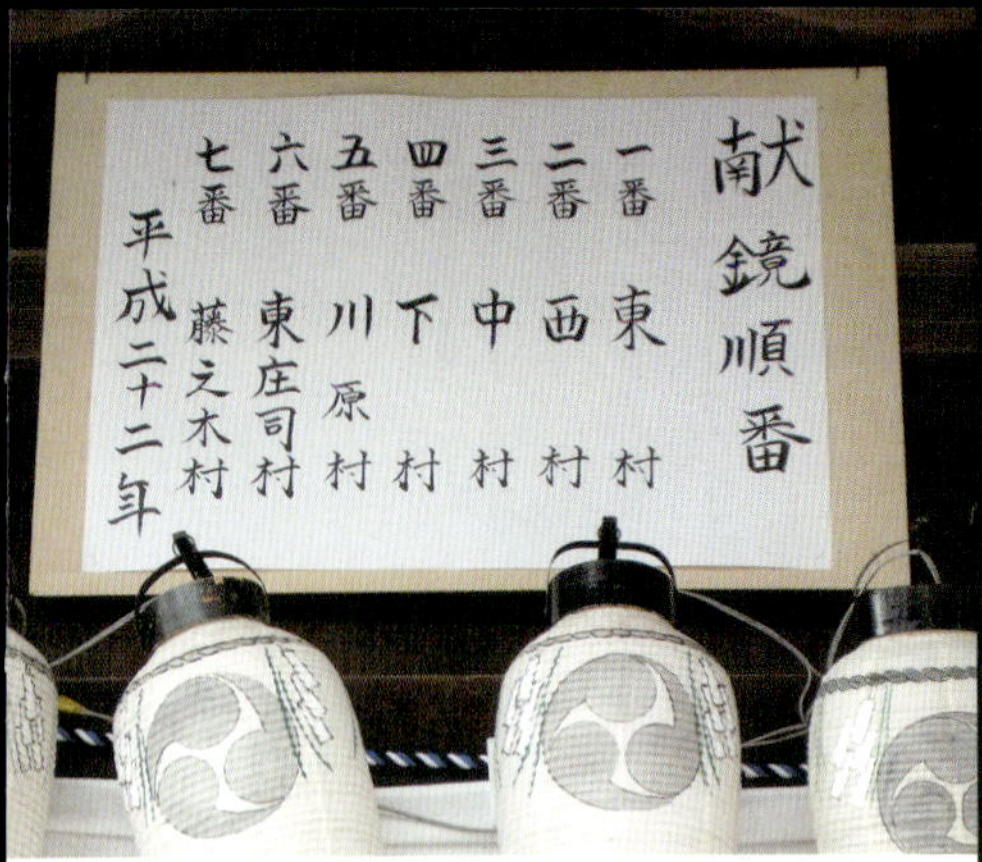

⬆平成22年の献鏡の順番。以前は、当番宿が神社入口の大門橋に近い組からであったが、現在は順ぐりに交替していく。

⬆川道神社拝殿でお鏡の到着を待つ自治会役員や宮世話

屋台が出てくるのを待つ先高張提灯

二十時から始まる献鏡に合わせて、お鏡が当番宅から持ち出され、出道に並ぶ。各庄司、先高《さきだか》提灯、手提《てさ》げ提灯（足元提灯）、献酒（当番）、献鏡屋台、大太鼓、後高提灯と続き、「オーシャン シャンノ シャンノコセー」の掛け声で神社に向かう。

神社の拝殿には鏡台が準備され、両脇には、川道の自治会や宮世話などの役員がお鏡の到着を待つ。屋台の速度はゆっくりとじらすように進み、献鏡はなかなか進まない。多くの提灯が集まり、寒空を焦がすような灯の灯りは境内を揺るがす。

若い衆の声は一段と高まり、白く大きく神々しいお鏡は、次々献鏡されていく。

本年は東村が最初に献鏡し、西村、中村、下村、川原村、東庄司村、藤ノ木村の順で七つがそろうと祝詞《のりと》が上がり、総代、自治会長、献鏡一番の東村の当番、宮世話の順に玉ぐしを奉納する。

お鏡に掛けられた注連縄は献鏡後、境内の二見岩《ふたみいわ》にかけられ、そのまま年末まで置かれる。

川道神社周辺地図

⬆当番宅を出発した献鏡屋台

⬆当番宅の座敷から屋台を出し、いよいよ出発

⬅献酒を持つ当番らが先導する

⬆⬅出道《でみち》は、各庄司からの屋台や太鼓で埋め尽くされ、寒空の中、太鼓のドンドンという太く大きな音色が周囲に響く。屋台を担ぐ若い衆の士気は、次第に高揚する

神輿を守るカボが見える

LET S TAKE IT EASY

千手院の山門をくぐり、川道神社境内に次々と入ってくる献鏡屋台。いったん待機して、献鏡の出番を待つ

川道神社境内は、各庄司の提灯で光のうねりができている

⬆境内で献鏡の順番を待つ屋台

⬇献鏡の番となった屋台は、鳥居をくぐりに行く

高張提灯を先頭に、鳥居をくぐる献鏡
屋台、ここから拝殿へ直進する

⬆拝殿で献鏡行列の到着を迎える庄司の役員

拝殿に近づく献鏡行列

↑当番から献酒を受け取り、
屋台の提灯がはずされる

←真っ白いお鏡が姿を見せ、
拝殿に向かう献鏡台

⬆拝殿では、各庄司からの役員がお鏡を受け取り、あらかじめ用意された鏡台に供える

⬆無事お供えができたことを神に報告し、村の役員にもお礼を申し述べる

七つのお鏡が拝殿にそろうと神官の祝詞が始まり、総代、自治会長、当番代表が玉串を奉納。白く大きな鏡は神々しく輝く

⬆宵宮の川道神社拝殿（平成17年）。雪景色の中というのが、湖北のオコナイの本来の姿である

拝殿に七つがそろう

川道神社の寺村正和宮司は、滋賀県祭礼研究会編『祭礼事典・滋賀県』の中の「川道のおこない」の項で、「川道の鏡餅は七つとされ、日吉大社（大津市坂本鎮座）とのつながりを示すものと言える。七つの鏡餅は日吉大社の七つの神輿に相当するもの」と解説している。

先のとおり、川道神社は、江戸時代、千手院の鎮守で八王子社といった。八王子権現《ごんげん》は、比叡山系の八王《はちおう》子山《じやま》（別名牛尾山《うしおやま》）の山岳信仰と天台宗が融合した神仏習合の神とされ、本地仏《ほんじぶつ》が千手観音菩薩である。

⬆日吉大社西本宮拝殿に勢ぞろいした七社の神輿（平成二十二年四月十四日）

毎年四月半ば、日吉山王祭の最初の見所となる「午《うま》の神事《じんじ》」で八王子山から牛尾宮（八王子社）の神輿が高張提灯を先頭に下る姿は、江戸時代の『日吉山王祭礼絵巻』にも描かれ、現在も受け継がれている。

そして、翌日の「宵宮《よみや》落《おと》し神事」の後、日吉大社の西本宮拝殿の中に七社の神輿が勢ぞろいする。［詳しくは、本シリーズ①『日吉山王祭』を参照］

他の祭礼との類似を感じさせるオコナイとしては、姉川をはさんで川道の北にある長浜市難波町《なんば》（旧びわ町難波）の例がある。

西組・中組・鍛冶組《かじ》（東組）の三つの組が早朝におこなう宮参りの一行を、参道を通る順番に花山・二番山・三番山といい、一年交替でおくっていく。ここで曳《ひ》かれる太鼓堂（お堂）は、入母屋《いりもや》屋根つきの屋台に太鼓を載せたもので、その形には長浜曳山《ひきやま》まつりの山車《だし》からの影響が感じられる。

⬆難波の八阪神社参道を曳かれる太鼓堂（平成2年2月）

神事

⬆拝殿に並ぶ各庄司から献鏡された7つの一俵お鏡

二月二十八日、朝八時より年番、親戚が、当番宅で配膳の準備を始め、九時過ぎには概ね本膳の準備が整うと一旦帰宅し、紋付袴《もんつきはかま》に着替えて神社に向かう。

十時。昨夜の喧騒《けんそう》がうそのように静まった境内では厳《おごそ》かに神事がおこなわれる。紋付袴姿は東庄司のみ、西村は着物に羽織を着用、スーツ姿も多い。各庄司から全員が集合する。神事の後、神社から拝領の御神酒《おみき》は、庄司ごとに持ち帰り、当番宅で本膳が始まる。

⬆神事が始まる前には近所の人たちの御参りがある。五穀豊穣、家内安全を静かに祈る

⬆拝殿での神事。全員が正装して祈祷を受ける

⬆神社からお神酒と神饌のお下がりをいただく

⬆約1時間の神事の後、当番宅に戻り本膳が始まる

⬆昨夜、神社の二見岩に残された注連縄。年末までこのままにされる

本膳

⬆屏風などを置き、配膳が整えられた当番宅［東庄司村］

⬅正席《しょうせき》の輪上《わじょう》から順に座敷に入り、当番に挨拶

本膳は式次第に従って順序よくスムーズに運ぶ。給仕方によって豆腐汁がつがれ、つぎ終わったころ、若い衆頭が出てきて、本膳開始の挨拶をする。正席《しょうせき》の輪上《わじょう》は「ごゆるりと召し上がらせていただきます」と返答し、膳《ぜん》方《かた》は汁の追加、ご飯を出す。当番の親類が担当する決まりの膳方全員で取肴《とりざかな》を出す。宴の間には謡曲「高砂《たかさご》」の一節「四海波《しかいなみ》」を謡い、汁や、ご飯が出て、膳方が銚子《ちょうし》を持って接待する。

宴の途中には、詩歌、短歌を披露するなどの余興があり、本年は村入りした若い衆のことを織り込んだ謡を披露して激励した。

型通りの本膳がお開きとなると、輪上が一番に席を立ち、お礼の挨拶をして座敷から決められた順番に退席、本膳は膳方《ぜんかた》が取り仕切るが、前髪が給仕につき、親戚などから、給仕の仕方などを教わりながら、役目を務める。

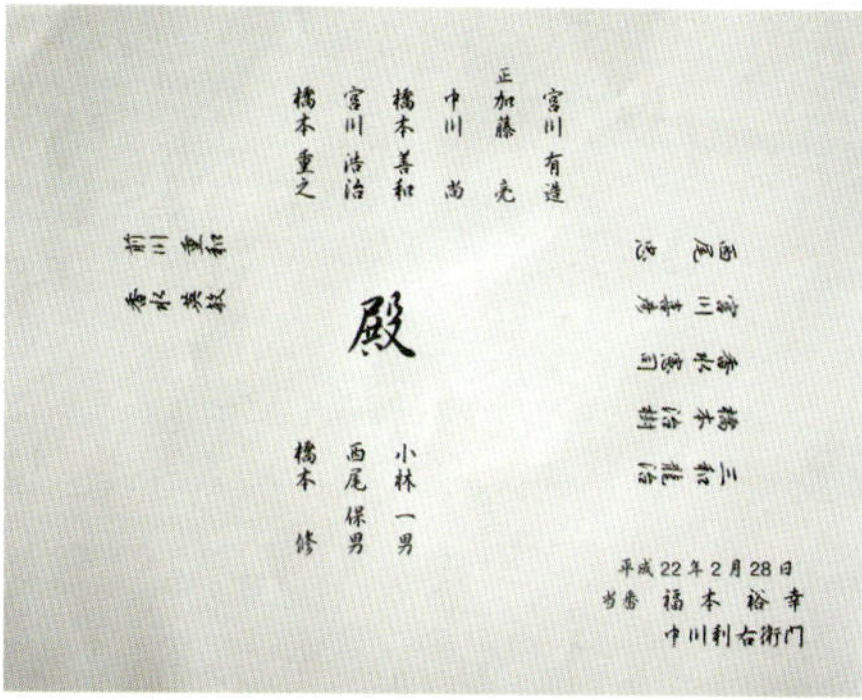

宮川 有造
正 加藤 充
中川 尚
橋本 善和
宮川 浩治
橋本 重之

殿

小林 一男
西尾 保男
橋本 修

平成22年2月28日
当番 福本 裕幸
中川利右衛門

⬅本膳の配席表

⬆挨拶を受ける当番と親戚、今回の中心的な立場であった

⬆輪上の指名で「高砂」を謡う脇輪上《わきわじょう》

⬆焼きモロコ（中央）などが並ぶ膳

⬆本膳での余興。前髪といわれる、今年、村入りした若い衆へ示唆を織り込んだ謡いを披露する年寄

⬆東庄司では、本年、村入りした前髪は2名。緊張がほぐれず真剣な面持ち

⬆飯の給仕の方法を教わる前髪。年寄りが懇切丁寧に指導する

若い衆は一八歳から三五歳もしくは四二歳までの青年男子で構成されている。かつては三〇歳までだったものが、近年は三五歳もしくは四二歳までに引き上げられた。既婚、未婚に関係なく、またオコナイだけでなく、庄司での役割がある。

各庄司によって年齢は異なるが、概ね一六歳もしくは一八歳で村入りする。緊張した面持ちの「前髪《まえがみ》」と呼ばれる本年村入りした年少者に、経験豊かな年寄などが懇切丁寧な指導を行う。

↑20mℓの酒が入るという、通常よりかなり大きな盃が何度となく行きかう本膳の席

↑本膳の席

↑左が湯のみ茶碗、右が盃、ほぼ同じ大きさ

↑燗酒に使用するとっくりが宴の始まりを待つ

メモ

千鳥の盃

懐石の席で、亭主と客が一つの盃で酒を注ぎ合うことを「千鳥《ちどり》の盃《さかずき》」という。

長浜市に奉職して最初に驚いたのが宴会の席での盃のやり取りであった。忘れもしない、教育委員会での最初の歓送迎会の時である。まず異動者、退職者に感謝を込めて、一人ひとりの業績が詠いこまれた丁重な挨拶が約一時間超、その間、正座。あと宴席となったが、何と！初対面の人が自分の呑みほした盃を指先で器用にぬぐい、これで飲むよう当たり前にすすめてくるのである。

私はその時、決して不潔とは思わなかった。むしろその巧みな技（そう見えた）に感嘆した。オコナイ調査を始めて「なるほど湖北人の行儀作法の訓練の場はここにあった」と認識をあらたにした次第である。

⬆当番の床の間［中村］

⬆当番の床の間［東庄司村］

⬆当番の床の間［川原村］

⬆当番の床の間［東村］

⬆公民館で開催されていた文化祭の出品作品

⬆当番の座敷［下村］

↑川原村の本膳に登場する取肴。大根、人参、干し柿などで彩り豊かに盛られている

↑公民館にかかる扁額には誇らしく「川道学」の文字が墨書されている。滋賀県権令と県令（現在の知事）を務めた籠手田安定による明治17年（1884）の書

川道学

最近では、豪壮な川道のオコナイを見物に来る人が少なくはなく、献鏡が始まる時刻のかなり前からカメラマンの姿が散見される。一番の機会が境内での献鏡のようすで、ごった返し状況。宵宮そして本日にあたる両日は川道公民館では、地元の人たちの文化祭も同時開催されている。どこにでも見られる、絵画や写真、手芸などが多いがその中で異彩を放っているのが、生け花である。生け花というより、立華といえるものだ。

どれを見ても、簡単に入手できる材料ではなく、あらかじめ永年にわたって準備されたとしか思えない花材が使われ、雄大な景色を表現している。オコナイのトウヤの座敷にはそれぞれ、立派な花が立てられているが、この土地には、連綿と華道の文化が醸成されていると考えられる。さらに、現代風に多くの書き物がパソコンを活用したものとなってはいるが、なおも毛筆書も健在している。

本膳の作法も茶道に準じているし、出てくる食器も半端ではない。特に川原村の本膳には二股大根で作った取肴《とりざかな》が用意され、酒とともに取り分け接待する。初釜などの茶会で行われる儀式のような本膳が演出されている。

公民館にかかる「川道学」が地域の文化の水準の高さを誇示しているかと思える。かつて養蚕を主とした豊かな農村だった歴史が伝わるが、都の文化がどのようにしてこの地に息づいてきたのか、興味があるところである。

お鏡下げ

⬆拝殿でお鏡下げを補助する各庄司の役員

十六時から神社でお鏡下げ（撤鏡《てっきょう》）が行われる。本膳の後、若い衆はカンバンに着替え、今度は順不同でお鏡を下げに神社に向かう。すでに拝殿では各庄司からの役員が出て、お鏡は鏡台から降ろされ、持ってきた化粧台に結《ゆ》わえて持ち帰る。

献鏡と同様に高張提灯《たかはりちょうちん》を先頭に当番、若い衆が拝殿に着くとお鏡はすでに輿《こし》の上に載せられ降ろすばかりになっている。「お鏡さんをお下げいただきましてありがとうございました」と区長、代理区長、改良組合長の三役からお礼が述べられる。

お鏡を乗せた化粧台は四人で担ぎ、鳥居を回りこんで（献鏡のルートを戻る形）当番宅に帰る。

⬆献酒を受け取る各当番

⬆境内には再び大太鼓が運び込まれ、
「ドーン、ドーン」という音を響かせる

⬆4人の若い衆がお鏡を担ぎ、献酒を手にする当番を先頭に当番宅に向かう。献鏡時は8人で担いだお鏡も、お下がりの時には4人でかついで鳥居を回って境内を後にする

後片付け

お鏡を当番宅に据えると、早速にさまざまな道具を惣蔵に片付ける作業がある。提灯がはずされ、お鏡搗きの道具や屋台など手際よく片付けが進む。

⬆道具類の片付けがすむと、惣蔵を閉じ、お鏡開きのおこなわれる当番宅へ向かう

ドンプク（神事半纏）

オコナイの最中、当番、年番、年寄（隠居老人）、親類が着用する衣服は、単に半纏《はんてん》というが、「ドンプク」「神事半纏《オコナイバンテン》」あるいは「ハンチャ」とも呼ばれ、縞《しま》模様が多く、中に綿《わた》が入って暖かい。

作業がしやすいように、着丈や袖が短く作られている。襷《たすき》掛けのこともある。

⬇⬅オコナイ組ごとに異なるデザイン

カンバン（祭半纏）

庄司ごとにデザインが異なる祭半《まつりばん》纏《てん》（カンバンと呼ぶ）は、個人所有のものではなく、すべて庄司ごとで所有し、大切に何年も使ってきた。

若い衆がカンバンを着用するのは、見せ場である献鏡と鏡下げの時のみ。赤やピンクなど鮮やかな色彩の襷掛けや帯で、華やかさを演出する。

⬆右がドンプク、左がカンバン
作業着仕様のドンプクに対し、カンバンは、いかにもお祭りにふさわしいデザインの柄

⬆足半。普通のわらじより小さく、ぬかるみでも泥が跳ね上がらない。献鏡やお鏡下げの際に若い衆が履く

お鏡開き

片付けを終えた若い衆は足をぬぐって座敷に上がり、普段着に着替えて座敷に据えられたお鏡を背にして勢ぞろいする。

当番から、滞《とどこお》りなくお下げできたことのお礼の挨拶があり、若い衆頭のあいさつに続いて、御神酒をいただく。お鏡の縄がとかれ、筵《むしろ》の上にお鏡が置かれると、力比べが始まる。

↑足をぬぐって座敷に上がる若い衆。着用したカンバンは丁寧に畳む

⬆お鏡下げができたことへの御礼の挨拶をする当番

⬆お鏡のひもをほどき始める

⬅中央の柱にかかるタスキと手ぬぐい。神事中の手ぬぐいとして使用し、この場所で手を拭ったことで清められたことになる

力比べ

⬆手本を見せる当番。挑戦する時は、カンバンを着る

⬆ここまでで断念した若い衆

これも日程表にはあがっていないが、鏡開きの前に、若い衆が一俵の鏡餅を肩に担いで柱を回る力比べが余興としておこなわれることが習いとなっている。農家は皆、米俵を担いだ時代、一人前となったことを見せる場だったのだろう。

持ったことのない物体を抱え込んで担ぎあげることはたやすいことではなく、何人かの若い衆がチャレンジするものの、立ち上がることもままならない。と周囲が手拍子をとって囃す中、若い衆は結局誰も担ぐことができず、当番とほか一名が成功。九〇キロもあろうかというお鏡を肩に担いで中央の柱を一周する。

お鏡を抱え上げた瞬間に一同から大きな歓声と拍手が湧き上がる。拍手に合わせて白いお鏡が宙に浮いたように大黒柱を周回する。赤らむ顔面が白い餅と対照的である。

↑真っ二つに割れた鏡餅

←両側に柄のついた包丁を使う

←くじを作る

鏡餅を担ぐ余興が終了してようやく、一俵のお鏡が特製包丁で切り分けられる。作業は若い衆の手によって進むが、両側に柄のついた包丁を使い、一片の餅を切るにも二人がかり、三人がかりのかなりの重労働である。

一方、公平に持ち帰るようにくじが作られ、切り分けられたお鏡には番号を墨書《ぼくしょ》して同量になるよう秤《はかり》を使ってお鏡が分けられる。

←秤で計量し、番号が記される

当渡しの儀

⬆切り分けられた餅を前に次席祠堂が「四海波」を謡い祝福する

⬅当番見習いの脇には鶴亀の置物が見える

切り分けられて山積されたお鏡を座敷中央に据《す》えたまま、祠堂《しどう》の合図で当渡《とうわた》しの儀式が行われる。

新旧当番と祀堂と年番が進み出て、盃と肴《さかな》を受け、引き継ぎが行われる。二拍手して酒をほし、掛け軸がはずされる間、次席祀堂が「四海波《しかいなみ》」を謡い始める。祝儀ものの鶴亀の置物が、かたわらに置かれている。

掛け軸が次年度の当番に引き継がれ、座敷下座に次年の当番が並び挨拶する。身が引き締まる瞬間である。一連の行事が滞りなく終了すると年番から本年の当番にねぎらいの挨拶で締めくくる。本年の当番には神事がつつがなく遂行したことへの御礼と次年度当番への協力のお願いの挨拶など、すべて手順通りに進む。

⬆新旧当番と祠堂、年番が進み出て、盃と肴を受け、引き継ぎが行われる

⬆当番宅に掛けられていた掛け軸がはずされ（右）来年の当番に渡される。来年まで当番宅で保管される

⬆来年の当番の挨拶で当渡しの儀式が終了

⬆くじと引き換えに番号が記されたお鏡をいただく

⬆全員がお鏡を平等に分配するくじを引く

⬆年番から本年のオコナイ当番へお礼の口上があり、酒などが渡される

⬆最古参年番によってつくられる鶴亀の膳［左］、「鶴亀の膳」の儀式のようす［西村］（昭和61年）

⬅鏡餅の飾り金具の引き継ぎ（昭和六十一年）

当渡しの儀式もさまざまで、西村では本膳の場で「鶴亀の儀式」がおこなわれる（昭和六十一年調査）。宵宮に、最古参の年番が、大根、牛蒡《ごぼう》の頭、松竹梅、スルメの足、昆布、梅干しなどを材料にして本膳の盃の儀に使われる「鶴亀の膳」を作る。

本膳では、最古参年番、当番、膳方二名が威儀を正し、「鶴亀の膳」を準備し、盃の儀の開始を告げる。進行はすべて最古参年番がおこなう。

まず、今年度オコナイ当番の盃、次に元服し村入りする若者のための烏帽子《えぼし》の盃、長男が生まれたことを祝う盃と続く。そのあと「四海波」を一同唱和し「御一同様、お祝いいただきましてありがとうございます」と挨拶をして盃の儀は終了する。

また、当渡しに際には、当番決めといって翌々年の当番を決める。これがすめばいよいよ金具渡しで、来年度の当番へ鏡餅の飾り金具を一つひとつ点検してもらい、引き渡す。この飾り金具は「西村中」と書かれた金具箱に納められ、一年間、当番が保管することになる。

➡トウヤへの出入りの際、お鏡を拝する

⬆役割表の名札を書くのも若い衆の仕事［東村］

⬆玄関先に並んだ下駄。親戚は宴席終了後、座を立つ人の順に座敷出入り口にそろえる

オコナイは湖北人の常識を身につける場

川道がすごいのは鏡餅だけではない。一糸乱れぬその鏡餅作りの作業風景、そして行儀作法が実はすごいのである。

湖北の人は礼儀正しいと言われる。私は湖北の人間でないからそのことは実感としてよくわかる。オコナイの調査をさせていただくとき、陣取るのは居間の隅であることが多い。その場所が写真を撮る時に一番見渡せるし、なんといっても儀式進行の際、邪魔にならないからである。「自分の存在を無にすることが大事」と、民俗調査の達人、宮本常一《みやもとつねいち》*は言ったがまさにそのとおりである。

それはさておき、オコナイに参列するムラの人はまず入り口で一礼、そして靴脱ぎ場で履《は》き物をそろえ、床の間に向かって柏手《かしわで》を打ち、迎えるトウヤに恭《うやうや》しく挨拶をし、定められた自分の席に着座する。そして役をもらえばオコナイの進展に従って口上《こうじょう》を述べなければならない。口上は型どおりであるが、この

形が基本となって実生活で応用できるのである。当たり前のようだが、これも長年の訓練、オコナイの場で獲得した「かたち」なのである。それは付け焼き刃でないから、本物の作法として一生その人を助けてくれる。

＊宮元常一（１９０７〜１９８１）戦前から日本各地のフィールドワークを続けた民俗学者。

⬆しきたり通りに進められる本膳のようす

➡三月一日の川道の遠望。昨日までの冷たい風もなく穏やかなやわらかい空気が流れる。凍りつくような土の中からも新しい息吹が湧き出るような日であった。春はもうそこまで来ているのだろう

湖北に春が来る

翌日以降、新しい当番によっておこなわれるオコナイ関係の諸道具の後片付けがまだ山積するが、次第にきまりどおりに惣蔵に納められ、長期間にわたるオコナイの幕を閉じることになる。

そして同時に来年のオコナイの準備もすでに始まっているのである。厳しい湖北の冬の中の行事が終わると、湖水の水も少しゆるんできたような感じになる。

「川道のオコナイは湖北の荒れじまい」、「川道のオコナイがすまなければ湖北に春が来ない」といわれる当地の神事は、数多い湖北のオコナイの中でも冠絶した地位を保っている。その理由は単に鏡餅の数と巨大さだけではない。伝承された方法によって村の人たちが最大限の力を発揮し、神事を達成していくこと、それは中世以来、湖北の農村が培ってきた共同体の完成された姿を具現化したものである。

オコナイの将来は不動ではない

大量に残るオコナイの文書記録は、まさに変遷の歴史を物語っている。私たちは現在のオコナイが不変に伝えられたものと誤解しがちだが、派手になるとこれを戒《いまし》める記載が現れ、ゆるむとまた引き締める。直会《なおらい》の席で飲む酒の量や献立を事細かに記載した文書が多いのも、オコナイがともすれば華美に流れていくことに歯止めを掛けようとするものである。

オコナイがムラの永続を願っての大事な儀式であることは万人が認めることである。それは人間だけで成し遂げられることではなく、ムラの中の神仏の力を借りて初めて一致団結できるという村人の謙虚な知恵だったのである。ともすれば華美に走りがちなオコナイが修正を加えられて現在あるのも、オコナイの原点に立ち戻ろうという強い意志が働くからである。

本書によってオコナイを続けていくことの意味、価値観の多様化が進む現代、どのようにこの行事を伝承していくかの方途が少しでも見えたら幸いである。

川道のオコナイの献鏡（平成17年）

あとがき

滋賀県に移り住んでから二五年を過ぎました。そのあいだ、県内のいろんなところで祭礼と日々の暮らし（ハレとケ）を見せていただきました。九州出身の私にとっては、特に村の決めごとや習わしの堅さに驚くことばかりでした。まさに「旅人の目」で滋賀の民俗事例を見て学び、記録し、展示してきました。その中でも「オコナイ」はいくら調べても尽きることがなく、私のライフワークになりつつあります。そこからは、多くの日本人が持っていた神仏への思い、村の永続を願う気持ちが伝わってくるからです。

またオコナイは西日本に広く分布していること、特に鏡餅の飾り方には驚くほどの共通性がある事も知りました。その結果、フィードバックして滋賀県のオコナイの荘厳《しょうごん》がいかに高度なものか改めて認識させられました。今はその共通性の理由について考えています。近年、オコナイのことを東京や名古屋、そして大阪で紹介する機会がありました。聞いていただいた方から、東日本にも同じような行事があることをうかがいました。際限のないテーマだと実感した次第です。

参考文献

市立長浜城歴史博物館編『企画展　湖北のまつり─雪そして花─』（一九八六年）
市立長浜城歴史博物館編『特別展　近江のオコナイ』（一九九〇年）
市立長浜城歴史博物館編『オコナイの源流をさぐる─仏教悔過の世界─』（二〇〇二年）
会議ＢＩＷＡ編『わがまち再発見　ごめんやす　おいでやす　第一〜四集』びわ町（一九九七〜九九年）
「角川日本地名大辞典」編纂委員会編『角川日本地名大辞典二五　滋賀県』角川書店（一九七九年）
滋賀県祭礼研究会編『祭礼事典・滋賀県』桜楓社（一九九一年）
滋賀県市町村沿革史編さん委員会編『滋賀県市町村沿革史　第四巻』（一九六〇年）
谷泰「マツリゴトの機能とその現在─びわ町川道のオコナイ改革をめぐって─」（西川幸治・村井康彦編『環琵琶湖地域論』）思文閣出版（二〇〇三年）
中澤成晃『近江の宮座とオコナイ』岩田書院（一九九五年）
中島誠一「近江のオコナイにみる牛玉宝印」（『慶陵史学』二五）慶陵史学会（一九九九年）
中島誠一「オコナイの根幹をなすもの─オトウ行事にみる花と牛玉杖─」（『宗教民俗研究』一〇）宗教民俗学研究会（二〇〇〇年）
中島誠一「オコナイにみる荘厳」（伊藤唯真編『宗教民俗論の展開と課題』）法蔵館（二〇〇二年）
中島誠一・宇野日出生『神々の酒肴　湖国の神饌』思文閣出版（一九九九年）
中島誠一監修『オコナイ─湖国・祭りのかたち』ＩＮＡＸ出版（二〇〇八年）
びわ町編『滋賀県びわ町　閉町記念誌』（二〇〇六年）
びわ町合併三〇周年記念事業実行委員会編『びわ昔日の面影と変遷』びわ町（一九八六年）
びわ町人物誌編纂委員会編『びわの先人たち』びわ町教育委員会（一九九七年）
びわ南小学校百年史編集委員会編『びわ南小学校　百年のあゆみ』創立百周年記念事業協賛会（一九七三年）
平凡社地方資料センター編『日本歴史地名大系第二五巻　滋賀県の地名』平凡社（一九九一年）

写真撮影

辻村耕司
中島誠一
サンライズ出版

著者略歴

中島 誠一（なかじま・せいいち）

1950年長崎県佐世保市に生まれる。1977年佛教大学大学院文学研究科（日本史専攻）修士課程修了。前長浜市長浜城歴史博物館館長。現在は長浜市曳山博物館副館長。長浜市長浜城歴史博物館学芸員として「近江のオコナイ」「オコナイの源流を探る」などを始め、多くの展覧会を手がけ、西日本のオコナイ、滋賀県の民俗芸能、祭礼などに関する特別展図録、論文、報告書など多岐にわたり活躍。

［主な著書］

『近江の祭礼』（共著、近江文化社･1989）
『神々の酒肴―湖国の神饌』（共著、思文閣出版･1989）
『西浅井町の歳時記』（西浅井町教育委員会･2007）
『オコナイ　湖国･祭りのかたち』（監修･共著、INAXギャラリー･2008）
論文多数

近江の祭礼行事❷

川道《かわみち》のオコナイ―湖北に春を呼ぶ一俵鏡餅《いっぴょうかがみもち》―

2011年３月１日　初版第１刷発行

著　者　**中島　誠一**

発行者　**岩根　順子**

発行所　**サンライズ出版**
〒522-0004 滋賀県彦根市鳥居本町655-1
TEL.0749-22-0627

印刷・製本　**P-NET信州**

Printed in Japan ISBN978-88325-440-8